SHOT READY
Stephen Curry

一投制胜

库里
自述

[美] 斯蒂芬·库里 / 著

黄祎 / 译

金城出版社
GOLD WALL PRESS

西苑出版社
XIYUAN PUBLISHING HOUSE

中国·北京

图书在版编目（CIP）数据

一投制胜：库里自述 / （美）斯蒂芬·库里著；黄祎译. -- 北京：金城出版社有限公司，2025. 10.
ISBN 978-7-5155-2687-4

Ⅰ. K837.125.47-64

中国国家版本馆CIP数据核字第2024JN1716号

一投制胜：库里自述

作　　者	[美] 斯蒂芬·库里
译　　者	黄　祎
责任编辑	李凯丽
责任校对	王　璐
责任印制	李仕杰
开　　本	889毫米×1194毫米　1/16
印　　张	27
字　　数	254千字
版　　次	2025年10月第1版
印　　次	2025年10月第1次印刷
印　　刷	鑫艺佳利（天津）印刷有限公司
书　　号	ISBN 978-7-5155-2687-4
定　　价	168.00元

出版发行	金城出版社有限公司　西苑出版社有限公司
	北京市朝阳区利泽东二路3号　邮编：100102
发 行 部	(010) 84254364
编 辑 部	(010) 64391966
总 编 室	(010) 64228516
网　　址	http://www.jccb.com.cn
电子邮箱	jinchengchuban@163.com
法律顾问	北京同清律师事务所　13001187977

我有种超能力
我是非凡的

I Have
a Superpower
I Am
Extraordinary

Contents
目录

"I Can Do

ALL THINGS..."

我无所不能。

Preface
前言

一大清早，孩子们还在酣睡，我已走出家门。这是 7 月里的一天，我驱车抵达学校时，停车场空无一人。好在我知道通行密码，顺利进入球馆。我有一份很短的清单，标记着那些无人知晓的暑期特训球场，这座高中体育馆正是其中之一。就像生活中大多数事情一样，暑期特训的秘诀也在于"笨鸟先飞"，你要抢在其他人之前提早行动。

通常情况下，我会在这里与我的训练师布兰登·佩恩见面，针对我想到的某种投篮方式，专注打磨技术细节。不是练到"连续投进"就完事，而是要确保"决不投丢"。

但今天，这里只会有你我两人。

一按开关，天花板上的四排荧光灯闪烁着亮起来，电流声在硬木地板上方嗡嗡作响。我来了一记大力运球，即便这只是一次普通训练，保持强度和专注度也至关重要。一边热身，一边望向场边空荡荡的五排蓝色座椅——从孩提时代开始，每当在这样空旷的球馆里独自训练，我都会想象看台上已经座无虚席。

要的就是这样的环境——少人问津的小球馆，远离喧嚣，心无旁骛。年少时，我大部分时间都泡在这里，埋头磨炼球技。成为勇士队一员的几年后，我意识到这些球馆依然是最让我感到舒服的地方。站到这片球场上，过去练球的记忆就会"昔日重现"，提醒我"不忘初心"。无论我觉得自己的技术已经有多么炉火纯青，我都会回归基本功练习，从头练起。

我从来不是天赋异禀的运动员——跳得不够高，跑得不够快，更不是球场上最高的那个人。上大学时，我看上去像是个稚气未脱的中学生，努力蓄出一抹如同画上去的稀疏胡须，试图让自己显得更成熟一些。打进 NBA（美国职业篮球联赛）之后，靠着蓬松的发型才勉强把官方身高数据确定为 6 英尺 3 英寸（约 1.91 米），而联盟的平均身高数据是 6 英尺 7 英寸（约 2.01 米）。

凭借刻苦训练，我才坚持了下来。我爱上了"魔鬼训练"——也必须如此。欲成大事，必先苦其心志，劳其筋骨。即使无人见证，你也必须在工作中自得其乐。每当有教练或训练师在网上宣扬"不被看见的小时数"（你肯定听过"一万小时定律"的说法），我都多少有些不以为然，因为这种说法让刻苦训练本身显得神秘莫测、云里雾里。在我看来，所谓"苦练"，无非是我们必须亲身投入、"真正算数"的一个又一个小时，任何事业要想成功都无一例外。我孤身一人在球馆训练，没有防守，也没有对抗，即便如此，我的训练心态永远都是"一投制胜"，设想每一次投篮都是生死攸关的压哨出手。只有这样，在强度高到令人窒息的真实比赛中，我才能有备而来，游刃有余。即使是在这样的高中小球馆训练，我都想象自己是在打一场真正的 NBA 比赛，双方比分打平，时间所剩无几，重重高压之下，坚决出手。为了适应这种感觉，我花了很多时间去练习。如此一来，即使到了真正的比赛场上，灯光刺眼，压力巨大，我也一样能轻松进入一种无意识的"心流"状态，像训练一样稳定执行技术动作。当然，我依然能感受到各种紧张和不安，但我不会让这些感受在自己身上持续停留。相反，它们从我身上快速穿过，留下的只是一种平静，让我的训练积累可以正常发挥。从而，我可以稳定交付。

做好"一投制胜"的准备，需要大量的系统训练、反复实操和不断巩固，但所有的付出都会有回报，那就是一种无与伦比的"自我超越感"。 这种巅峰体验的乐趣在于，我会放松自我，沉浸在高速比赛的节奏和韵律中，根本没时间胡思乱想。身边有 9 个球员在全力飞奔，但只要球在我手里，我就有如神助，知道下一步该何去何从。之所以能够收获这种快乐，就是因为我已经在这座球馆里默默积累了无数个小时，不是在打磨技术，就是在研究录像。当真正关键的时刻来临，我才能够手到擒来，这是最极致的自由。

每年有七八个月，我都处于持续而集中的紧张状态——在 NBA 以超高强度出战 82 场比赛。赛季一结束，我就会来到一座这样的小球馆，自我重置，找回对篮球比赛最纯粹、最本真的热爱。**这份对比赛、对打球的热爱之中，举足轻重的一环就是有机会持续精进的喜悦。**

当我投入无数个小时来提升自己的赛场表现，我并不确切知道何时才能有所回报，以及具体有何种回报，但我坚信"功不唐捐"。即便已经在联盟摸爬滚打了这么多年，我依然会在比赛中途遭遇一个又一个"顿悟时刻"：一个动作、一次对位、一种攻守变化，都会让我突然之间灵光一现，"嗯，7 月我们演练过一模一样的场景，现在我胜券在握了"。紧随其后，电光火石之间，神经系统做出本能反应，一切都好像慢了起来。我感到一阵肾上腺素的涌动，但它的目标是确保行动精确，而不是在神经系统肆意泛滥。通过长期坚持的呼吸训练，我的肺部已经能够稳定输出，此刻呼吸道也开始打开，为血液提供了更多氧气。心脏并没有怦怦乱跳，它只是适当加快了跳动节奏，以便将更多富含氧分的血液输送到全身上下。肾上腺素甚至似乎涌入眼睛，瞳孔放大之后，视野开阔到足以洞察一切可能性。大脑处理各种视觉信息的速度比思维还要快，肌肉也各就各位，自动执行一套已验证有效的既定计划。然后，我开始起飞。我可能会做一次背后双交叉运球，感受到看台上的球迷们正翘首以待。当我干拔起跳时，余光注意到板凳席上的队友们也站起身来。但在高压之下出手的那一刻，我的注意力始终专注在篮筐上。通过日积月累的训练，我已收获了足够多的信心，让我确信一切尽在掌握。我沉浸在当下这一刻——一种混杂着警觉与平静、紧张与快乐的状态。

这就是我想在这本书里分享给你的经验。无论你的目标是什么，你都能变得更好。你或许会疑惑这个目标对你意义何在，我想邀请你在思考的时候打开想象力。你到底想要什么？它可能相当于你生活中的上篮或罚球，或者你可以想得更大胆一些，在中圈位置投中制胜绝杀。但我坚信，成功从来都不是偶然或意外。**追逐成功的过程也许并不总能如你所愿，但对我们来说，只要我们准备充分、意志坚定，所付出的努力能够匹配关键时刻的需要，成功都是有机会达成的。**这就是为什么我们要时刻准备好"一投制胜"。

在 NBA 中，球员们都知道可以找我寻求建议。新秀们向我请教保持稳定的秘诀，崛起的新星问我如何从天才进化成领袖，老将们一直和我探讨怎样才能保持高水平状态，从而尽可能延长巅峰期。

有一次我指点了一名年轻球员的训练，7 个月后，他在季后赛系列赛的第四战中击败了我。联盟外的人对此感到费解，不明白我为什么甘冒风险，要为竞争对手创造优势。但球员们都能理解。我们同样热爱这项运动，希望看到它持续进化。我们总在相互交流各种各样的智慧或看法。如今，我当然不会对他们倾囊相授，但我总会给他们一些能够学以致用的建议——更好的球员能够成就更好的比赛。归根结底，我们仍是竞争对手。NBA 球员很擅长在两种本能之间达成平衡：赛前一晚可以把酒言欢，来到场上依然能够刀锋相见。

分享的本能也源自身上索尼娅·库里的基因。我的母亲创办并经营了我所就读的蒙台梭利小学，在我通过看父亲打球（他在 NBA 打了 16 个赛季）而领会篮球艺术的同时，母亲教了我该如何学习。她充满爱心地调整课程，以帮助学生们充分发挥自己甚至都还没意识到的潜力，这一切都被我看在眼底，记在心上。从她身上，我继承了一种愿望，那就是用我的故事去激励各种背景的人们，帮助他们找到释放自身潜力的拼图。在 NBA 打拼殊为不易，但真实的生活又何尝不是充满艰辛。**在充斥着繁杂噪音的混乱中，我们该怎么做，才能确保自己有准备、有动力、有韧性并且保持平静？为了让这一切都值得，我们该怎么做，才能充分理解成就伟大、实现自我超越的意义？面对任何一件事，我们该怎么做，才能确保自己始终做好"一投制胜"的准备？**

无论你在现实生活中处于什么位置，我都很高兴此刻你和我同在这座球馆里。现在，我要把球传给你。准备好，开练！

Rookie
新秀

第一部分

Part 1

Rise Into Your Shot

初试锋芒

我们每个人都有属于自己的休赛期——从生活主战场暂时抽身的一段时光。对学生来说可能是整个暑假，对成年人而言或许是一个忙里偷闲的周末。这甚至可能只是短短 5 分钟的冥想或祈祷，在你上班之前或送孩子上学之后。无论这段时光是你主动争取而来，还是被动参与其中，**这份时间的馈赠都给我们提供了一个选择的机会：是继续安于现状，还是为人生下一阶段创造全新的可能？**

在我的休赛期，我会独自待在安静的球馆里，从基础细节入手，详细拆解我的比赛技能。通过打磨基本功，我能清晰而诚实地看到自己的不足。有了这段远离尘嚣的时光，我才得以拓展自己的可能性。

欢迎来到我的训练课。

每次训练，我都遵循两个密切相关的
核心理念：**扎根与成长。**

扎根意味着回归比赛的基本原则，无论你的比赛是什么级别，它都至关重要。如果你不能在基本功上持续精进，就会浪费大量时间去弥补基础缺陷。这并不意味着你不能获得成功，也许你依然能应付过去。或许你可以不做准备，靠临场发挥和肾上腺素蒙混过关。又或许你可以不去学习如何分配任务，把所有问题都扛在自己肩上，咬牙撑到最后。即使这些方法暂时有效，这种事倍功半的低效也会阻碍你的成长，让你无法跃升到更高水平。

成长才是终极目标，但它源于扎根。如果没能掌握成功的基本法则，你或许能够勉强招架，但最多也只是疲于应对挑战，而不是从挑战中获得成长。

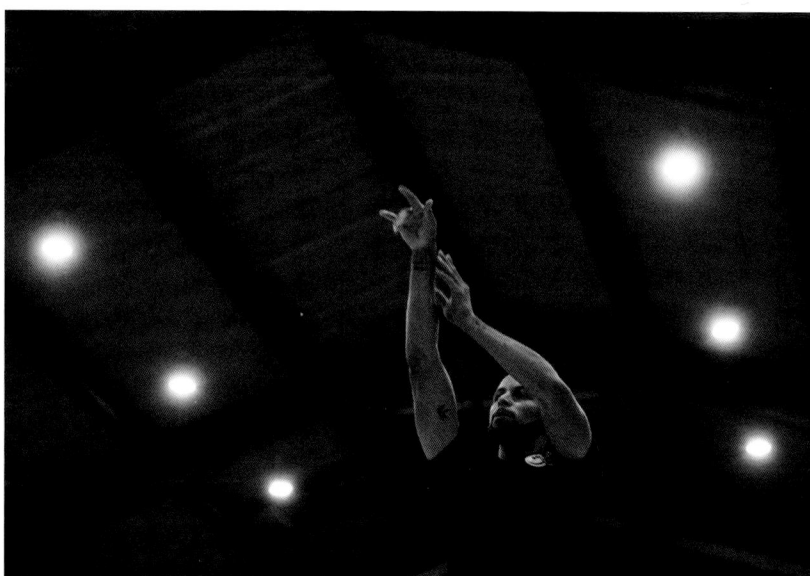

007

现在开始训练。

我有两位技术教练，彼此的训练方法截然不同。

在夏天，我主要跟布兰登·佩恩一起训练，他专注于帮我改善精准投篮的身体机制。他深知训练不只是机械重复这么简单，而是要深刻理解身体运作的原理。他会反复提醒我，完美的投射来自流畅连贯的动作，它始于脚趾、终于指尖。双脚是精准投射的力量来源，因此必须确保身体重心在双脚之间——他称之为"在足弓之间打球"。仅通过观察我的投篮弧线，他就能判断我的发力在多大程度上扎根平稳。看，这个词又出现了。一切都始于扎根。

布兰登对我的指导精确到毫米级别。看到一记投篮轻微偏左，他能马上指出我把过多的重心放在了第五跖骨（也就是小脚趾）上。一根小脚趾上的"差之毫厘"，会导致整个动作链出现波动，最终影响我的出手。为了弥补这个微小的偏差，我不得不通过扭动胯部来重新获得平衡。随后，我整个上半身的所有动作都在为纠正小脚趾的失衡而做出调整。这次投篮或许还是能投进，但投进的概率已经"谬以千里"。

如果你被困在某个水平，无论怎么努力都停滞不前，请好好检查下自己的基本功。**你在发力上扎稳根基了吗？** 养成了哪些习惯，会引发一连串代偿动作？放慢节奏，仔细审视你正在做的事情，以最小的变量为单位——对你而言，相当于"第五跖骨"的细节无论是什么——只有严格把控各种小细节，纠正错误，并将其打磨成你的第二天性，享受这种精益求精的过程，你才能持续收获成功。

多年经验告诉我，挑战是最高效的老师，所以我从不回避挑战。你需要习惯于做困难的事，才不会活在害怕出错的恐惧之中。

在夏天的训练中，我们从来都不只是随意地投投篮。相反，布兰登会设计各种实战场景，要求我拿到一定分数，或限时完成一组投篮。为了强化随时准备好"一投制胜"的心态，我们还会努力将我的心率维持在比赛水平。这种做法为训练带来巨大成效：这让我在训练的时候就能感受比赛压力，同时也有助于我提升心率控制能力。换句话说，这种做法不只是让我习惯心率加速的感觉，更重要的是学习如何让心率回落下来。通过充分的呼吸训练，即使是在真正的比赛间隙，只需要一次短短 90 秒的暂停时间，我就能把心率降低到静息水平。**对任何训练来说，学会如何恢复都相当重要。**人人都能从中受益。对你来说，一次"90 秒暂停"在形式上可能另有所指，比如一个休息日，密集会议之间的一次短暂放松，又或者从一个工作地点到另一个工作地点的一次驱车通勤，这些都是你可以用于自我恢复的休息时间。但信不信由你，这种高效休息需要你主动进行练习。

这就是为什么布兰登会这样安排"全场之星"的训练：我需要在球场两端折返冲刺，然后在三分线外的不同位置出手投篮。令人筋疲力尽的训练结束之后，我会平躺在地上，布兰登将沙袋放在我的腹部上（就在肋骨下方的位置）。沉重的沙袋压在身上，为了摄入空气，我的横膈膜不得不更卖力地工作，迫

使我采取更强有力、更具效率的呼吸方式。到了真正的比赛中，没有沙袋压在身上，我依然能运用这套呼吸方法，以此来平复心绪、加快身体恢复。这项训练的核心内容当然是投篮，但也教会我如何高效利用碎片时间来自我恢复。我在训练自我恢复的技巧。

我们强化训练的另一个重点是神经认知效率：让我的感官系统超负荷运转，以加快大脑对信息的处理速度。举个例子，布兰登有时会设置一套灯光系统，每一盏灯亮起，都对应一套特定的运球动作。当灯光闪烁，我必须理解灯光含义，做出运球动作，用手触摸灯具，然后马不停蹄地投入下一个。真实的比赛就是这样，一大堆信息变量扑面而来，你必须在转瞬之间做出反应。加强训练负荷，提升瞬间决策能力，到了真正的比赛场上才能游刃有余。

归根结底就是这么回事：**训练多吃苦，生活才不吃苦**。只在"万事俱备"的情况下保持"一投制胜"的心态，那是想得美。在休赛期尽量提高你能承受的极限，到了真正的关键时刻，你才有能力接受更大的挑战。

休赛期，布兰登帮我训练。赛季期，我有"Q 教练"布鲁斯·弗雷泽。

"Q 教练"在行业里的地位举足轻重，他不只是勇士队助理教练，更是一位极其擅长讲故事的大师。他帮我解读比赛的形势和节奏，同时还确保我能乐在其中。

赛前热身时，"Q 教练"会模仿特定对手的风格。随和而有趣的他摇身一变，成了一名极具侵略性的防守者。不惜付出犯规代价，也决不给我一丝空间。他深知如何利用热身时段给我施压，激发我的杀手本能，让我立刻进入比赛状态。

"Q 教练"还深谙整个赛季的节奏之道，**他帮我在训练时段与比赛时段之间达成平衡，既能打磨技术，又不过度消耗。**

我做的第一件事是观察他们在投篮姿势下的双脚站位。年轻球员双脚通常都站得太开，站姿过宽可能会让你在投篮时感觉舒适，但千万别这么做。**舒适感不是最重要的。**

我告诉他们，不管你在球场的哪个位置，双脚都要稍微靠拢一些，10 个脚趾都对准篮筐，才能做好"一投制胜"的准备。如此一来，你的臀部和胸部会跟随双脚的方向，自然指向篮筐，出手之后球的轨迹也自然端正，这是最理想不过的。实际上，我投篮的时候双脚会朝左偏 10 度左右，但那只是我的"习惯成自然"。即便如此，我也竭力确保所有脚趾都指向同一个方向。你终究能找到自己的平衡点，但在开始调整适应之前，要反复练习标准动作。

只要调整好站姿，我敢肯定你马上就能投得更好。顶尖射手都以腿脚发力作为投射基础，以下肢为起点启动投篮动作，其余部位随之而动。足弓站稳，10 个脚趾指向篮筐，膝盖弯曲，髋肩对齐，然后积蓄力量，从地面干拔而起，张手就投。

视觉
是制胜

Visualization is

化
关键。

key to winning.

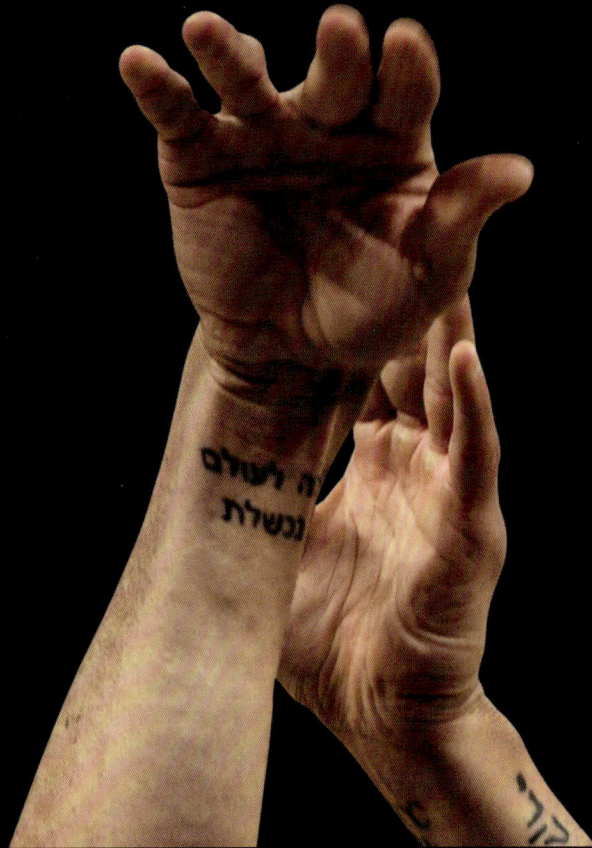

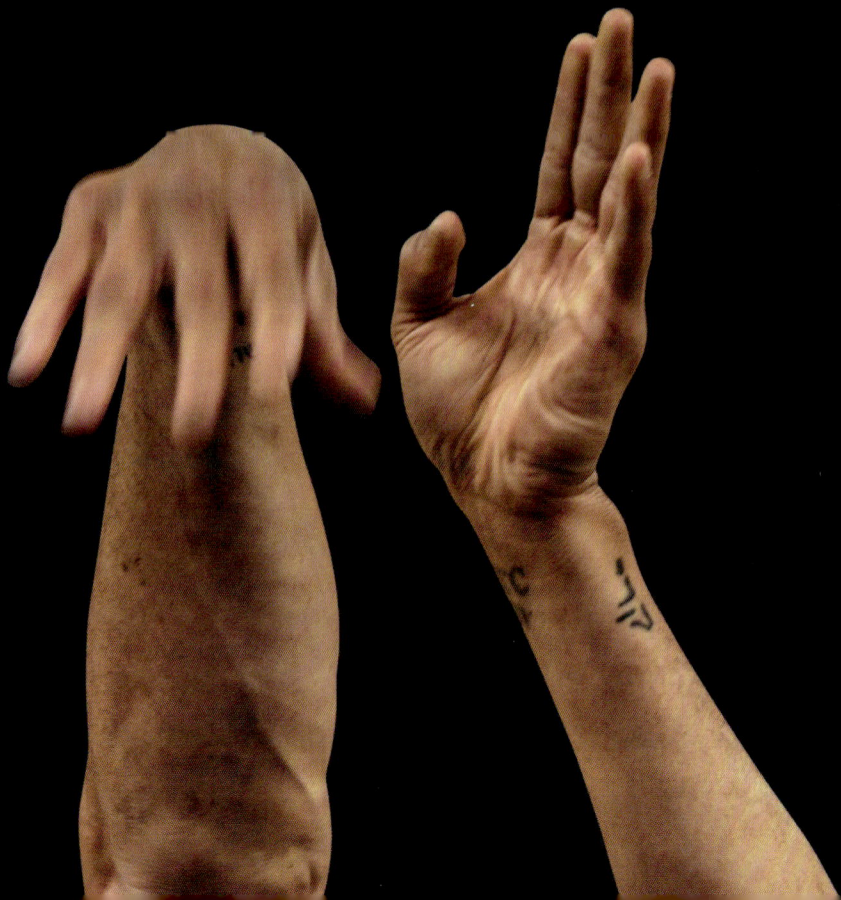

如果有更多时间来指导你，我会转向关注第二个基本要点——辅助手。我观察到，很多人投篮时滥用了非惯用手。我用右手投篮，左手的唯一作用就是把球稳定在右手上。我的投篮本质上由单手完成，非惯用手的参与只是防止掉球，本身并不发力。有些人的非惯用手会有太多动作，给球施加了过多压力，无意中干扰到投篮。当你投篮时，**身体的每一个部位——从脚趾到髋部再到左右手——都有明确分工，彼此各司其职，**而且专司一职。如果某个部位做得太多，结果只会是自我干扰。

新秀：初试锋芒

一旦你掌握了站姿和辅助手这两个基本要点，你早晚能琢磨出自己的"投篮舒适度阈值"——你能在多大程度上偏离标准姿势。前面提到过，我的双脚会有 10 度左右的偏离。理论上讲，保持双脚直接指向篮筐在技术上最优，但那种不完美的站姿对我来说更自然流畅，而且效果不错，关键在于我每次投篮，姿势上都要保持完全一致。

保持一致有时比技术完美更重要。无论投篮点是近在咫尺，还是远在 20 英尺（约 6 米）外，你的投篮姿势都应该始终如一。

先掌握标准姿势，也就是技术上最正确的投篮方式，才能放松身体，磨合出你自己特定的风格。进而，就是要坚持不懈、持之以恒。

经常有人问我在比赛过程中有什么感受，或者会想些什么。事实上，如果一切进展顺利，当我进入训练中追求的那种紧张与平衡并存的状态，我基本上会心无旁骛，浑然忘我。

身处球场的任何位置都不要紧。向左、向右、后退、前进，也都无所谓。对手们向我飞扑而来，双手高举、遮天蔽日，又或者我孤身站在三分线弧顶，绝对的大空位，毫无区别。只要进入平衡状态，肌肉记忆和苦练而成的动作机制就会自动接管比赛。你问我感觉如何？我感觉自己永远都不会投丢。我在想些什么呢？我想的是正常投篮出手，从不担心能不能进。肯定能进。

025

所有训练的目标都是为了进入这种心流状态。唯有通过训练中的自律，方能达成比赛中的自由。在心流状态下，快乐和创造力会自然涌现。所有干扰都会被屏蔽，防守我的人也形同虚设。任凭他如何挥舞双臂，对我喷最难听的垃圾话，我都会一笑置之，耐心等待"把球送进篮筐"这个问题的自动解决。进入最完美的心流状态之后，我不会在意任何想法或感受，只是专注打球。

一旦你体验过这种心流状态——在比赛强度下的完全平衡——这种极致快乐会给你带来极大激励。为了找回这种感觉，你愿意竭尽所能。

新秀：初试锋芒

我反复强调工作中的快乐感，当然有我的理由。

每个赛季的 NBA 常规赛都有 450 名球员整装待发，大家都有同一个目
标：赢得总冠军奖杯。达成目标的路径各不相同，但最顶尖的球员们恪
守同一个原则：我们都会各尽所能，比其他人练得更多、更猛。

当你在最高水平上竞争，每个人都在尽力践行同样的承诺，**唯有快乐能让你脱颖而出**。任何工作都会起起伏伏，快乐很容易荡然无存——也许是琐碎事务日复一日地消耗，抑或是一次重大打击带来的油尽灯枯。必须用心守护你的热爱。唯有乐在其中，才能持续推动你追求卓越，甘心付出。快乐并不只是强大的动力来源，它既是工具，驱动你付出不懈努力，也是目的，是一切艰苦努力的终极回报。用心寻找，你就会发现快乐就像是一条主线，它贯穿一切，激活所有。

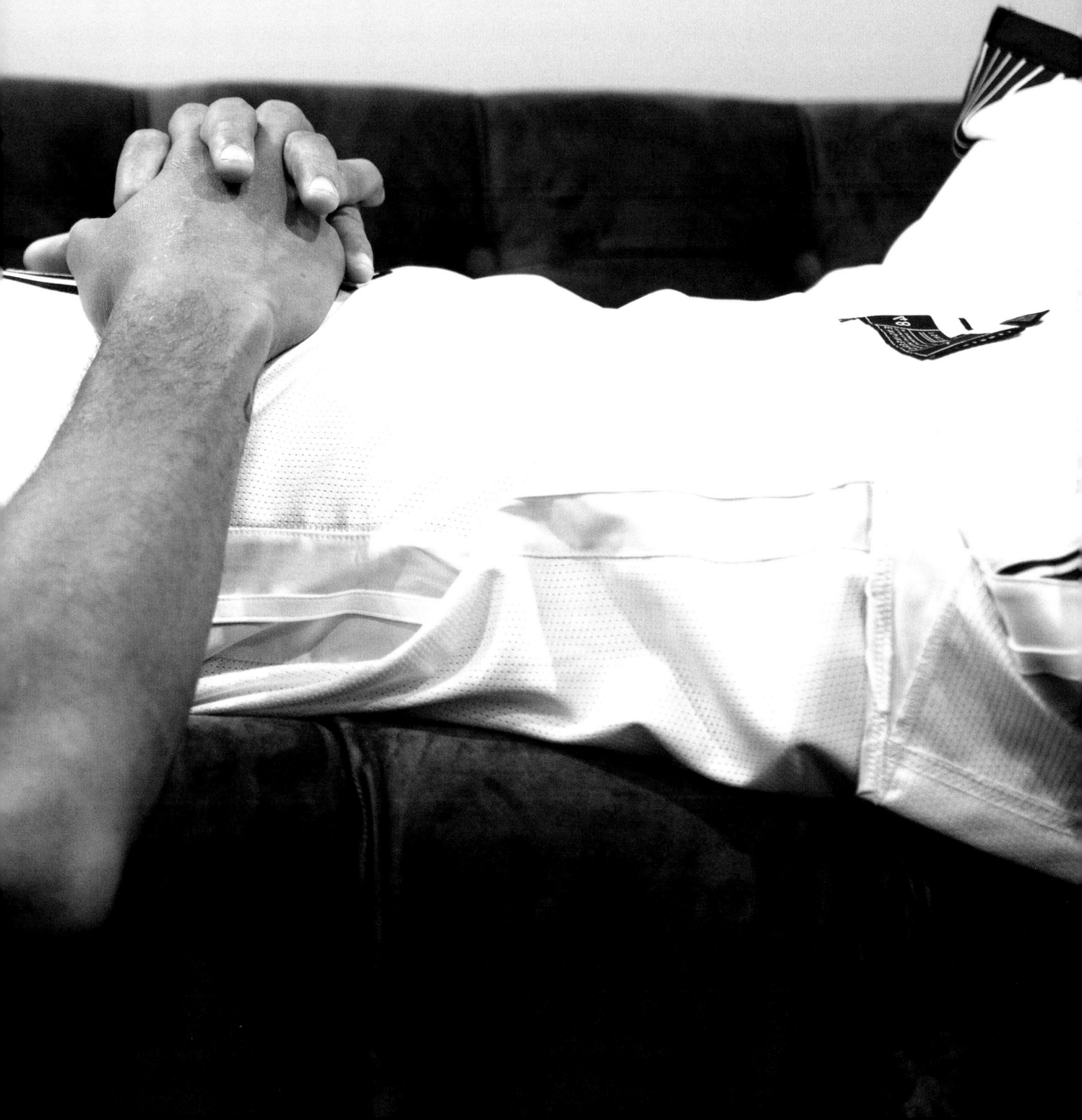

我很早就领会到了快乐的重要性。

在多伦多猛龙队的主场球馆里，球队更衣室和位于300区的训练场之间，有一部直达电梯。于我而言，与其说这是一部电梯，倒不如说更像是一部时间机器。每当我走进那部电梯，都好像突然变回了那个13岁的篮球少年，正在跟弟弟塞斯·库里一起兴奋地升向300区，为下一堂篮球训练课摩拳擦掌。那个时候，整座加拿大航空中心球馆都好像专属于我俩。

那时我们刚从北卡罗来纳搬到多伦多不久，父亲将在这里作为猛龙队的一员，打完他NBA生涯的最后一个赛季。他在联盟一共打了16年：1986年被犹他爵士队选中，只打了一个赛季就被交易到克利夫兰骑士队，一个赛季后又转战夏洛特黄蜂队，在那里连续打了10个赛季——他在NBA的第二个赛季有了我，夏洛特正是我长大的地方——如今，他职业生涯的最后一站是一支全新的球队，我们也不得不在一个陌生的国家开启新生活。

父母对我和弟弟管教甚严，不允许我们在上学日的晚上去球馆看比赛。通常我们会在家里看完上半场，然后上床睡觉，第二天早晨再从报纸上查看最终比分。而到了周末，如果有幸去到猛龙队的主场，整座球馆都会变成我俩的游乐场。只要保证不走散（塞斯比我小三岁），我俩就能在球馆里肆意闲逛。当时我们有所不知，其实几乎所有引座员和球馆工作人员都在暗中关照我们。

如果比赛在7点开始，我们4点30分就会随父亲提前到场。猛龙队球员们进行赛前热身的时候，我和塞斯就坐在替补席上。有时会上场帮球员们捡球，偶尔偷偷在底角投个篮。开赛前20分钟，球员们回到更衣室，球场被清空，我们这些孩子们就会获准上场投投篮。几千名观众陆续就座，众目睽睽之下，塞斯和我的一对一单挑比赛玩得不亦乐乎。

最终，我们不得不离开球场，好让比赛准时开始。

跳球一结束，塞斯和我就会冲进更衣室，坐电梯直达训练场。我们都对打篮球上瘾，不放过任何打球机会。整个上半场我们都泡在训练场里，投篮、单挑、打磨技术。球馆的广播系统会实时播报解说员查克·斯沃斯基的赛况评述，他讲到什么战术，我俩就会尽力模仿重现。每场比赛，我俩都会从对方球队中指定一名球员来模仿，比如阿伦·艾弗森、科比、沙克（奥尼尔），或者是尼克斯队的马克·杰克逊（他后来成了我的教练）。每个球员都有自己的招牌动作，塞斯和我要么模仿，要么防守，从这些顶尖球员身上汲取比赛精华。两个被宠坏的小家伙尽情打球，乐此不疲。

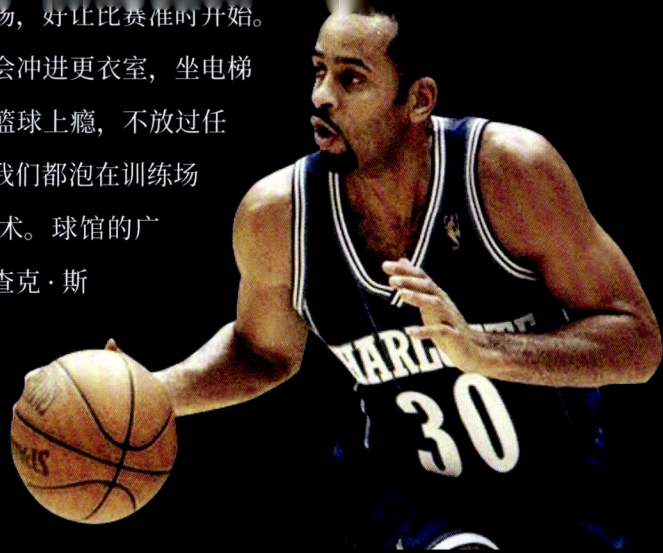

到了下半场，我们会待在上层看台看比赛。正是在那里，我开始理解不同的球员们如何为比赛做准备，如何执行比赛计划。他们的球场意识、预判、决策、沟通，诸如此类的一系列东西，如今被统称为篮球智商，都是我当时的研究对象。我不只观察那些上场比赛的球员。从球馆到训练场，甚至有时在更衣室，我会用心打量一切：老将和新秀有哪些不同，球员们各自训练的方式有多独特，他们对待队友、教练、球队工作人员和球迷的态度是怎样的，抵达球馆的时候是怎样的精神面貌，在更衣室里或者在热身训练的时候又展现出怎样的能量，等等。接下来我会持续追踪记录，关注不同的能量在场上产生怎样的结果。

与父亲和弟弟共度的多伦多时光让我开始意识到，篮球比赛在很大程度上是心理战。**我注意到，不管是超级巨星还是顶级角色球员，不管在他们的新秀赛季还是第十个赛季，所有伟大球员都展现出同样的心理投入度。**无论他们在联盟打了多少个年头，伟大的球员都始终坚信自己是最棒的，而且他们都渴望变得更好。

如果从顶尖射手身上找共同点，哪种特质最关键？

他们都笃信自己才是有史以来最伟大的射手，没有之一。

要想成就伟大，你必须在自信和自负之间的钢丝绳上小心行走。所有底气都来自刻苦训练，如果没有付出与信心相匹配的努力，你再怎么自信满满、胸有成竹，也只会是竹篮打水一场空。

视觉化是制胜关键。这项能力可以后天习得。现在跟我一起练习：想象你在出手投篮。最开始，你可能会从背后看到自己面朝篮筐。你得再靠近一点。镜头拉近。脑海中的画面不应该是全景视角，而应该真正进入自己的身体，透过双眼去观察，通过双手去感受。投篮出手时，注意动作机制的每一个细节。感受球离开指尖时的旋转，以及"鹅颈"般的跟随手型。重新再投一次，让每一个细节尽善尽美。观察球的弧线，看它准确飞向你瞄准的地方，就好像你用"鹅颈"手型将它轻轻放进篮筐一样。

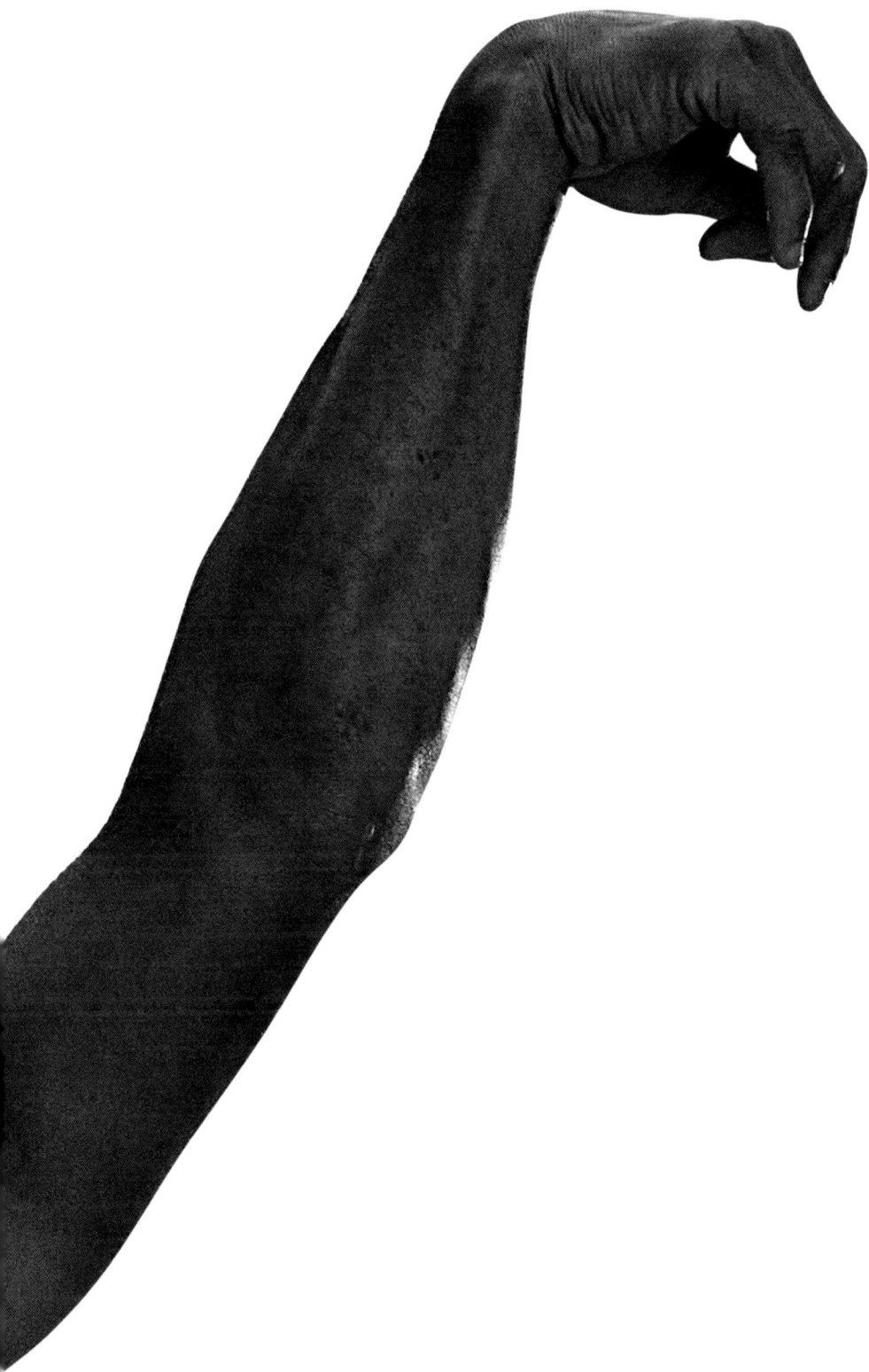

全家搬到多伦多的时候，我还在读初中。在那之前，我在北卡罗来纳州打了三年 AAU（业余体育联盟）比赛。多伦多的篮球比赛水平比北卡要低不少。我在北卡远称不上出类拔萃，但在多伦多的皇后大道中学，我却成了明星。我们队就像是加拿大中学篮球版本的《少棒闯天下》，虽然没有全明星阵容，但彼此结下深厚友谊。身处异国他乡，来到陌生学校，文化差异巨大（加拿大人把八年级说成"年级八"），我感觉自己像是一条离了水的鱼，但篮球让我很快融入了新环境。

那时我个子很矮，还在用"投石车"式的姿势投三分球，从腰部以下发力，让球达到足够高度，以抛物线形式落入篮筐。这种投篮方式的问题在于出手点太低，任何一个像样的后卫都能轻松封盖。所以，**我不得不靠假动作和疯狂跑动来创造空间，在场上快速移动，跑垮防守球员**。这种打法效果好得出奇，以至于我的比赛慢慢成了当地中学篮球界的一大盛事。在加拿大篮球文化盛行的一些地区，比如密西沙加、伊托比科、斯卡布罗等地，连客场比赛都吸引了大量观众。在这个小圈子里，我的名气大得有点儿过了头。有一场比赛我砍下 60 分，父亲的朋友苏雷什恰好来看比赛，有些观众甚至以为他是我的专职司机。

这段"加拿大燃情岁月"很快就戛然而止，那年 6 月，父亲宣告退役。学年还没结束，我们就提前告别加拿大，重返北卡。回到美国之后，球场上的竞争强度急剧提升。

尽管在加拿大我小获成功，但回到这里，我毫无自信。

时至今日，我在篮球训练营里遇到过很多 13 岁左右的孩子。我的孩子也差不多有这么大了，作为这个年纪的孩子的父亲，我深知在这段关键的人生转型期里，为他们注入信心有多重要。除了肯定他们已有的优势，你还必须鼓励他们积极探索新事物，把握新机会，努力开发出新的优势。

我注意到，不少这个年纪（甚至更大一点）的孩子，刚参加训练营的时候都会展现出一种对新环境、新学习曲线的情绪反应。有时候，他们明显过于忧虑，显得畏畏缩缩，像是要缩进壳里躲起来。我在开营日遇到的这些孩子们，不管男孩还是女孩，为了这一时刻都已经翘首以盼了几个月。我看到他们一只手叉着腰，然后换另一只手，把身体重心从右腿移到左腿，每个人都低着头。从训练营里收获最大的，往往是那些一开始紧张不安，但绝不困在这种情绪里而缩手缩脚，从不担心把事情搞砸的孩子们。

当我上场与他们一起训练时，我不会刻意迁就，也不会回避给他们释放竞争的能量。这既是为了向他们表达尊重，也是为了帮助他们摆脱紧张情绪。当他们意识到"库里是动真格的"，甚至可能会笑出声来。那一刻，既惊又喜，是一切的起点。

接下来，我会强调"接球即行动"的重要性。我会说："如果拿到球，要么接球就投，要么接球就突，要么接球就传。想象篮球是一颗手雷，如果你停球超过一秒，它就在手里爆炸，你就完了。"我想传达的信息是：不必多虑，只管去做。做出选择，采取行动。**如果你在原地呆若木鸡，当然只会停滞不前。**

我们邀请了最优秀的教练来指导孩子们。开营初期，教练观察了孩子们的冲刺训练之后，总会有类似这样的时刻。教练发问："有多少人在冲刺后连续投篮不进？"孩子们会沉默不语，看向别处（通常是向下看）。我会第一个举手，这不是为了表现得很谦逊，而是想让他们明白，所谓"冠军基因"就是要承认自己存在不足，还需要继续改进。

我还希望他们能想到自己家乡的球队和队友。当我发现某个要点格外重要，便会补充道："把这个理念带回你的球队。"这些都是领导者在训练中该做的——要想赢球，只专注自身进步是不够的，还必须帮助他人取得成功。

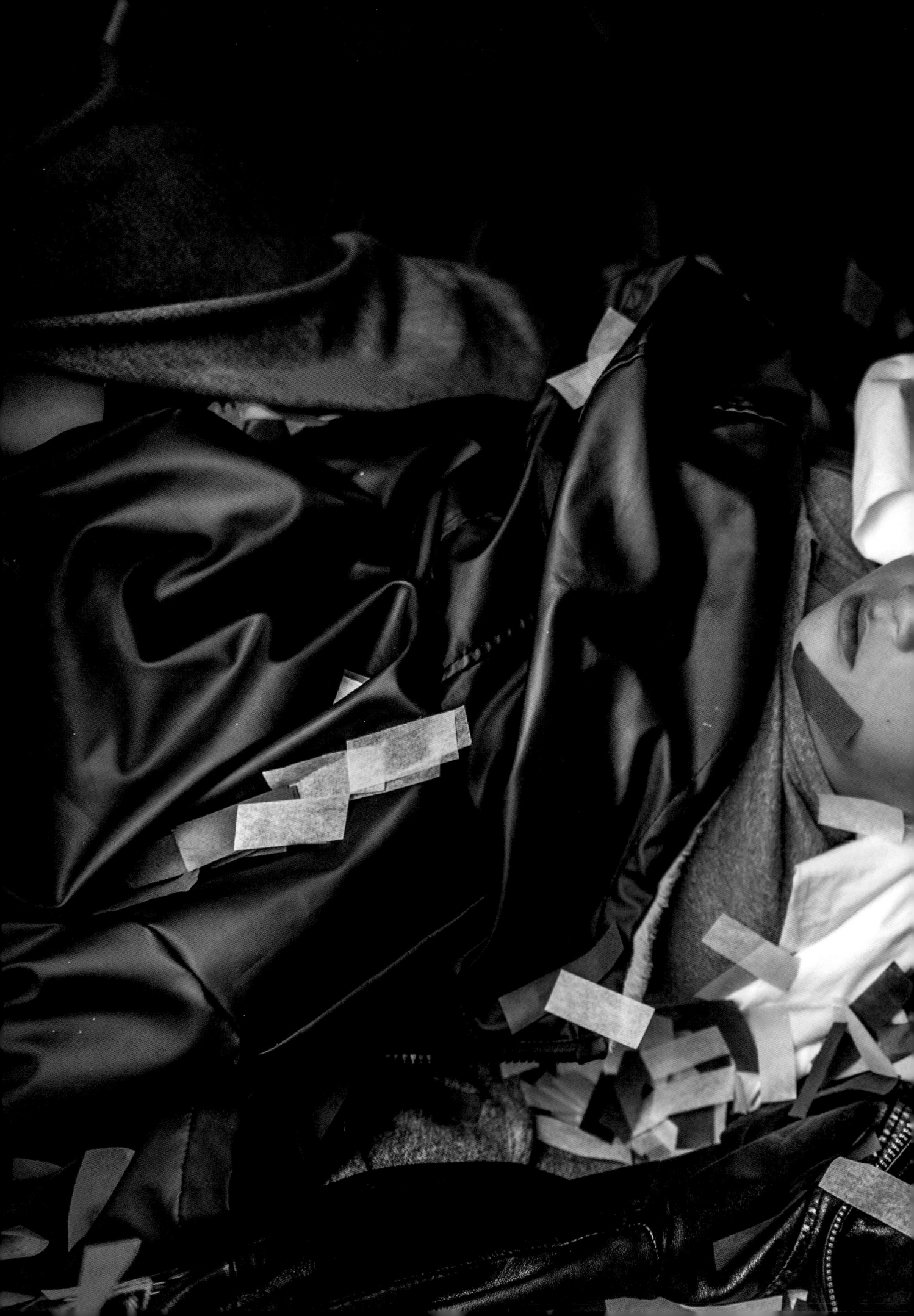

当我的孩子面临挑战，我会让他们在那种不舒服的感觉中多待一会儿。我想让他们能有更多的切身体会。对他们来说，需要从内心深处明白，有时候事情的进展不会如你所愿，而且我对此也爱莫能助。所以我让他们冷静审视那些自己可以控制的事情：他们的言谈、举止、行为、态度，以及努力。**换句话说，不是去控制不适感，而是控制他们对不适感的反应。**最终是这种心态塑造了我们。

十几岁时做出的那些决定，数十年后的人生路上依然能带给你启迪。当我离开多伦多重返北卡上九年级，由于担心自己缺少竞争力，我没有参加校篮球队的新人选拔。

人人都有这样的时刻：回首往事时，你发现是自己在画地为牢。很多人都有这样的经历：因为害怕失败，或者更糟糕一点，因为害怕尝试，为了寻找安全感而不敢探索更大的可能性。对我来说，逃避选拔就是这种难以启齿的惨淡经历之一，那种感觉我永生难忘。

那天快要放学的时候，好朋友本·沃顿向我走来，我已经打定了主意。

"嘿，你去参加选拔吗？"

夏洛特基督高中的校队选拔将于下周二举行。本·沃顿是从街区公立学校升入高中的新生。

"不去。"我说。

"你不去吗？"他开始追问我，但我装出满不在乎的样子，一边跟他说话，一边打量着他，他比我足足高四五英寸（约10—13厘米），体格也壮得多。他肯定没问题，我肯定没戏。

去多伦多之前，我偶尔会去看夏洛特基督高中校队的比赛。说老实话，球员们个个人高马大。那一年，校队里有很多橄榄球运动员，还有两个人毕业后打进了NCAA（美国全国大学体育协会）一级联盟。他们身材高大，运动能力出色，能在"篮筐上面"打球，扣篮如家常便饭，可以做出各种高难度的杂耍动作。我觉得自己与那种水平相去甚远。

于是我决定"曲线救国"：高二这一年先打二队，祈祷自己能再长高一点，也许下一年能去参加一队选拔。

在二队打了半个赛季之后，我清楚地意识到自己犯了个错误。我完全有能力在更高水平的球队打球，但信心不足让我裹足不前。

后来，在一场对阵雷文斯克罗夫特高中的州级季后赛中，肖恩·布朗教练把我从二队调到一队，让我替补出场。那4分钟里我打得很不错。当时我就想到，自己一整年都错过了这样的机会，但这完全是咎由自取。**我在挑战面前退缩了。吃一堑，长一智，这个教训我铭记于心。**

我向自己保证，决不再像这样背叛自己。

直到今天，我还会不时希望自己的体格能更具威慑力。NBA 里有的是更壮、更快、更能跑能跳的人，特别是防守型球员，个个都竭尽所能，想让我在场上寸步难行。我可以为此纠结，怨天尤人，但这于事无补。我本来就是自成一派的篮球运动员。我想不想每个回合都直杀篮下暴力扣篮？当然想！但在这种天赋异禀之外，我发现了更为珍贵的东西。

如果什么都能轻易得到，做什么事都不费吹灰之力，你不可能有机会培养起那种"持续成就卓越"的动力。如果不是对"你太矮了，在场上没什么威胁"之类的陈词滥调已经免疫，我也不可能构建起如今的强大自信。正是因为总有各种各样的声音对我说"不"，我才得以养成通过自我对话来激励自己的习惯。只看体形，我确实不太像能被 NCAA 一级联盟看中的球员，但这反倒更能促使我苦练不辍，把自己的技能包打磨到极致，靠永不停歇的全场跑动拖垮任何对手，在球场任意位置百步穿杨。

现实点说，人人都梦想登顶，但我们都知道不是每一个梦想都能实现，就像并非每个拿起篮球的年轻人都能打进 NBA。但最糟糕的失败方式莫过于你忙着成为别人，却丢失了让你最与众不同的那些特质。**从你的独特之处汲取能量**，那是你的超能力所在。

我给年轻人的首要建议正是如此：作为球员，接受你本来的样子，但不惜一切代价强化自己的优势。这个原则也适用于你生活中的方方面面，无论是在学校，在单位，还是在家里。不要纠结那些你做不到的事情。在那些改变不了的事情上患得患失的时间，原本可以用来充分打磨你最擅长的技能。

记住，你当下的状态是有原因的。重点是把你拥有的时间和天赋用到极致。

在这里跟你分享的这些经验，对我自己来说也是温故而知新。

历史总是惊人地相似。我的大女儿开始练体育了，她有时也会遭遇信心受挫。打排球的时候，她可能连续发出 10 次好球，紧接着有 1 次失误，就好像天要塌下来了。

"嘿，你以为老爸每次投篮都能进吗？"我问她，"你知不知道，我也会投丢？"

她看上去很吃惊："哦？真的吗？"

"你觉得我一场比赛会投丢多少球？"

"大概 10 个里面丢 2 个？"

"实际比那多多了，多很多。"我说，"现在明白了吗？"

在培养毅力和信心这方面，参与体育运动会让你受益颇深，其中一个收获是：成功往往伴随着大量失败。因为害怕失败而不敢尝试，这种做法毫无意义。**为了待在舒适区而逃避挑战，这本身就是最大的失败。**

这些都是我学到的道理，现在希望将这些教给她。在教导的过程中，她也反过来让我重新领悟这些道理。现在她对体育更投入了，开始看我打球。等我上场的时候，这些道理会在她的脑海中自动浮现。你只管努力尝试，孩子们都看在眼里。你投丢的那些球成就了今天的你，跟那些投进的球一样珍贵。这些不仅能教会你，也能教会你的下一代。

人们总是忍不住环顾四周，与身处不同时间线的其他人相互比较——他们可能更年长，也可能更年轻，又或者只是处在人生之路的不同节点——用别人的经历来衡量自己的成长。但对我来说，我不可能知道是什么成就了今天的他们，拿自己跟他们做比较，只会让我产生错误的优越感或自卑感，二者对我自身的进步都是有百害而无一利。

相反，我会"戴上眼罩"，屏蔽干扰，专注与自己相比。扪心自问，我需要挑战自己去突破的下一个极限是什么？每次训练结束前，我都会投100记三分球。这为我提供了可量化的衡量标准，以此来追踪自己每天的进步，同时也能让我化身自己的监督者。

感觉很重要，但数据是更重要的量化工具。 在你的生活中，有什么指标可以用来督促自己持续进步呢？

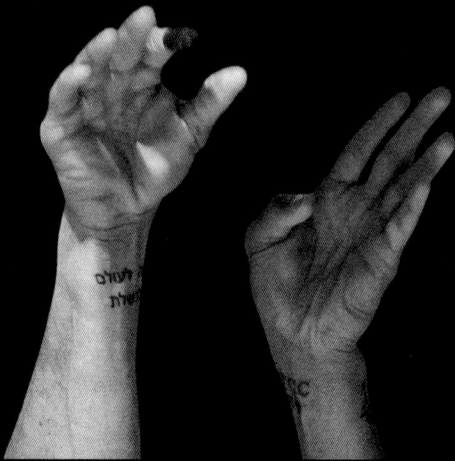

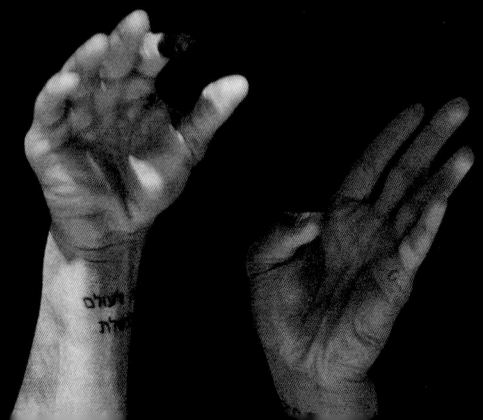

从技术角度看，**最伟大的射手都依赖同一个要素：出手点的一致性。**

所谓"出手点"，就是篮球离手那一刻，投篮手具体的高度和位置。顶级球员致力于每次投篮都重复相同的出手动作。

如果你看我本赛季投出的数千次投篮照片，每张照片最上方 1/4 的部分，也就是篮球离手的瞬间，看上去都一模一样。不管我的投篮点距离篮筐只有两英尺（约 61 厘米），还是远在中圈位置；不管是比赛中 24 秒将尽、攻守转换时的急停跳投，还是半夜在自家后院有狗狗相伴的"养生"投篮，何时何地，每次出手，都完全一致。

那些最让你感

正是你人生

感到

你才能意识到

The times when you're most uncomfor

The discomfort is how y

到不适的时刻，
生的转折点。
不适，
自己正在蜕变。

e are the inflection points in your life.
know you are changing.

父亲教我去关注其他球员投篮时的出手点，并且在自己投篮时也要心里有数。只有确保出手点稳定、精准，我才能在其他方面自由发挥。无论何时，无论何地，投篮时都无须自问"这一投能进吗"，因为这一投已经包含了它所应有的一切要素。更值得提出的是这样一个问题："这一投的时机对吗？"如果我不需要关注投篮动作本身，大脑在回答第二个问题的时候就更能游刃有余——我可以观察防守者的移动，留意队友在场上的位置，思考比赛局势的变化。**出手动作一旦固定，比赛中其他方面的创造力就能被充分释放**。

即使你理解保持一致的重要性，你的动作依然会不时出现偏差：投出的球时而偏左，时而偏右。本质上是因为你的某个技术环节还有待完善。

比如说我的某次投篮弧度太平，我马上就知道问题所在：要么是出手时对球的旋转力度不够大，要么是手臂的夹角太扁平。

如果球投短了，答案也显而易见：腿部发力不够，大多数时候，这意味着投篮时我的双脚站得太开。我需要稳住下盘。所有射手都会出现动作偏差，但**顶级射手从不惊慌失措**，他们会立刻重新校正准星。

决定性的时刻发生在高一那年的某个周末，为了送我参加相继举行的棒球和篮球锦标赛，父母不得不在城里匆忙赶场。

父亲说："我们没办法一直这样东奔西走。"

母亲问我："那么，你想专攻哪项运动？全身心投入的那种。"

答案已经呼之欲出了。当我想到自己真正喜欢的运动时，当然是篮球。我跟他们说了之后，父亲点了点头。

他说："好，既然你的选择是篮球，你的投篮姿势必须改一改。"

母亲也表示赞同。索尼娅·库里也曾是一名明星运动员，她知道如何才能成功。

"你是个很棒的射手，"父亲说，"事实上，你需要在场上投得更多一些。但你的个头儿毕竟不够高，如果保持现在的投篮姿势，进入校队之后可能会很吃力。"

现在轮到我点头表示认同了。这么多年我一直都盼着能再长高一点，但奇迹从未发生，所以这种说法对我来说不算什么新鲜事。

"你的投篮出手点太低了，很容易被封盖。以你现在的投篮姿势，很难创造出足够的出手空间。"

我清了清嗓子："嗯。"

"如果你想提升到更高的水平，"父亲继续说道，"这个夏天你必须努力调高出手点。"他告诉我这个过程将异常艰辛，我似懂非懂地点了点头。"你必须重新拆解你的投篮动作，"他说，"倒也不是非改不可，但我们支持你做出调整。如果你改了，不仅能在高中校队的比赛里获得成功，还能在之后更高水平的比赛中受益无穷。"

"我们不会替你决定，"母亲说，"但我们会提供你需要的工具，你得自己琢磨明白。"

选择权在我，我想要改变。但当时我还不知道自己即将面临什么。

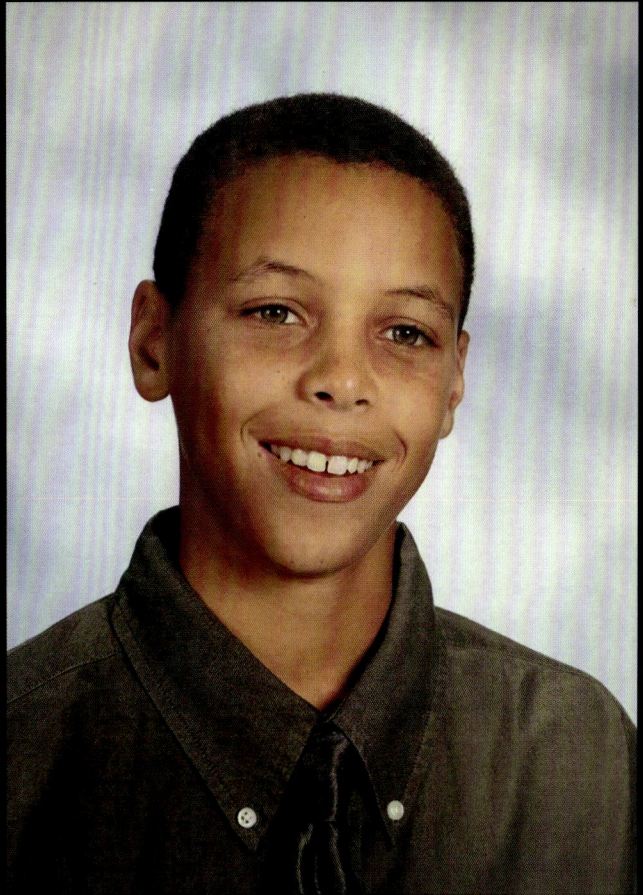

我家后院有个 3/4 全场大小的篮球场，四周是白色灰泥墙，两边各有一个斯伯丁篮筐。球场的沥青地面一整天都在吸收炎炎夏日的热量。我每周都要在那里训练六天，每天两练。

训练内容是通过"手型投篮"来重塑我的投篮技术（顾名思义，"手型投篮"就是专注于巩固投篮手型的投射训练）。我会正常启动投篮动作，但就在惯用的"投石车"出手之前，我会突然停下来，再慢慢抬起手臂。我用慢动作来重复这个过程，一遍一遍又一遍。

父亲上高中时，教练给了他一把自家谷仓的钥匙。谷仓里有破旧的地板和一个篮筐，他就在那儿把自己练成了一名神投手。他终日苦练，风雨无阻，不惧寒暑。他明白不可能一蹴而就。一般的孩子可能会在禁区里随便投几个篮，就心急火燎地跑到三分线外。但父亲教导我，必须先通过精准的近距离投篮固化投篮手型，才能逐渐外扩到三分线外。**大量重复是形成肌肉记忆的关键**。正因如此，我才靠身体去"习得"（而不是靠大脑去"学得"）了这个道理：稳定的出手点才能成就非凡的投射。

"就算你在 2 英尺（约 61 厘米）的位置连进 100 球，"父亲说，"我们也只练这个距离。"说完他就转身进屋了。第二天，一切照旧。直到他看到我的投篮动作已经彻底稳定下来，投篮距离才被允许适当外扩。所谓"适当"，意思是只向后退了微不足道的一小步。

整整 3 个月过去，我还没有在禁区之外投过篮。那条高中篮球比赛的三分线，我原以为近在咫尺，实际上像是在光年之外。

整个过程苦不堪言。初学正确姿势的时候，身体会异常疲惫，从未使用过的肌肉群让我双臂酸痛。我用慢动作去摸索新的出手点，覆盖掉旧的肌肉记忆，用不假思索的重复动作来重塑身体本能。

这也是宝贵的一课：**即便没有即时反馈，也要持续投入。** 我曾认为作为一名球员，我的价值取决于进球数，取决于我能否足够快速、足够聪明地摆脱防守。现在我认为，我的价值取决于是否愿意为了变得更好而不懈努力，取决于在看到成效之前，是否能始终保持耐心、信心和恒心。

每天清晨，父母会出来陪我开启训练，然后留我独自练习。他们想看看我能不能培养出职业精神。弟弟塞斯倒是在身边，但他更多的是在另一侧的篮筐下自得其乐，做着各种动作，满场随意投篮。我羡慕他能很单纯地享受篮球，而我却在这边苦苦挣扎，只为了能把投篮距离扩大到禁区之外。

回想起来，幸好我有塞斯相伴。当你埋头苦练的时候，知道有个同伴也在挥汗如雨，你会倍感欣慰，哪怕两个人在做的事情截然不同。有时瞥见他的身影，感受到他的欢欣畅快、无拘无束，这让我想起打篮球原本多么快乐。看着他，我会想到，那种快乐我也曾经感受过，而且正是我现在苦练的目的，为了将来还能继续体验篮球之乐。

锤炼任何技能，你总会碰到需要扪心自问的时刻：我真的有进步吗？这一切都值得吗？

投资领域有个术语叫"J形曲线"。想象纸面上有一个大大的"J"，字母开头下探的那部分，代表你的投入还尚未取得任何回报的阶段，熬过这一段，曲线骤然上升。**任何投资中，亏损的反馈总比收益来得快**——曲线上扬需要花费更多时间。身处低谷时，你永远不知道还要下探多深，才能触底反弹。

如果只有那些短期效益能给你带来正反馈，那就麻烦了。如果只关注结果而不关注过程，就很容易半途而废，因为哪怕加倍努力，曲线也未必能快速上扬。

低谷是绕不过去的，你只能熬过去。在低谷期，你得想办法管理好情绪，专注做好过程，相信一切都会水到渠成。

那个夏天，重塑投篮动作的训练过程中，我偶尔不得不从"与世隔绝"的封闭状态中跳脱出来，暂时回归现实。之前已经答应参加学校的篮球训练营，总不能跟他们说一句"我还在练投篮"就临阵脱逃。我必须去参加。

我成了整个训练营表现最差的球员之一。曾经的"神射手"——那个能在超远距离完成"投石车"投篮的少年消失无踪，我对全新的投篮动作毫无信心。以前我站上球场就觉得如鱼得水，现在却浑浑噩噩，恍如梦游。

达米尔·皮茨那时刚转学来到我们学校，他后来被很多大学争相招募。我们彼此不算陌生，但他之前从没看过我打球，他只知道我是戴尔·库里的儿子，是夏洛特基督高中冉冉升起的篮球新星。我俩第一次同场竞技时，一整场比赛，我在禁区之外颗粒无收。

我敢肯定他都有点怀疑人生了："我转学到这儿，就是为了跟这货一起打球吗？"我敢肯定他是这么想的，因为他当场就脱口而出了这句话。我只能一笑了之，但**在那一刻，我确实感到迷茫**。

我实在太热爱篮球了。当你如此热爱某样事物，渴望能收获成功，你理所应当会相信，把所有时间和精力投入进去就必定能有所回报。但如今一切都不奏效。一直以来，我的自信和自我认同都来自把球投进篮筐。可现在，我觉得自己可能永远都投不进球了。

直到那年 11 月，高中校队开始季前训练，我才总算看到一点转机。

除了在季前训练营，以及弟弟与我为伴之外，我一直是独自苦练——只有我、篮球和篮筐。没有防守，也没有战术。

与队友们合练，我再次感受到真正比赛的快乐和压力，这对我大有帮助。虽然家里的训练照常进行，但在学校里，我可以把家中所学融入实战中，对于自己正在做什么以及为什么值得这么做，我有了更深的理解。

不存在什么"突然开窍"，然后就接连投进、"百发百中"的顿悟时刻。这依然是个循序渐进的过程，随着时间推移，我开始感觉自己正处在上升阶段。我又能把球投进篮筐了——不是每球必进，但已经足以给我信心去尝试更多的投篮。

等到改造完成，我的投篮已经完整拆解并彻底重建，姿势和手型已经和现在的投射动作完全一致。那时的我没有如今强壮，所以出手点还是会低那么一点儿。但**投篮的基本结构已然成型**。

有时我会想：该对那个独自苦练数月的 13 岁少年说些什么呢？老生常谈会是"坚持下去，总会苦尽甘来"。但不，我想说的不是这些。

首先，我会向年轻的自己承认，这个夏天是我篮球生涯里最艰巨的任务之一：把自己最拿手的绝活推倒重来，距离理想境界又相去甚远。

然后，给自己提出这样的建议：这看上去已经是无比艰难了，但未来人生路上，类似的努力和付出，你还得继续重复成百上千次。场景不同，挑战各异，收获渺茫，回报未知，但该下的苦功一点都少不了。你需要从伤病中恢复，需要经受赛季失利的打击。而且随着时间推移，挑战会越来越跟篮球本身无关，而跟人生课题有关。在每个阶段，你都需要投入同样的能量、精力、专注和坚持。这正是你现在需要学习的东西。**一切暂时的痛苦，都将给未来的人生带来回报**。

我儿子卡农有个挂在墙上的小篮筐，他试着投篮，找找感觉。我想教他正确姿势，他根本不听。"不，"他跟我说，"我就要这么投。"我尊重他的想法。**人只会在准备好的时候聆听教诲。**

几年前，我经历了一段两个月的低迷期。有些球员很忌讳"低迷"这个词，但如果你想解决问题，就必须实事求是。我当时确实陷入低迷。

媒体上关于此事的文章连篇累牍，因为这个话题很容易凑版面。他们臆想出各种理论：我变老了，训练过度导致出现季中疲劳，我对球队不满意，等等。顺便说一句，这些猜测都远非事实，但不管怎样我都懒得再看类似的文章了。投篮不中实际上是很好的学习机会，**如果一味纠结于失败，只会让自己在改进过程中分心**。所以每当状态低迷，我就会采用一种方法来保持专注："选择性遗忘"。

具体到比赛中，"选择性遗忘"指的是一旦回身跑向球场另一侧，就马上忘掉刚投出的那一球，无论命中与否。当然，如果你投篮不中，有时会想马上找出问题所在，在比赛中予以纠正，快速校准。但要想解决更深层的问题，你最好把担忧留到训练中，在两场比赛之间的休整期加以解决。

作为一名射手，我需要的是"下一球必进"的信心。为了保持这种信心，以及通过拼命训练才达到的冷静心流状态，我的任务就是避免过度分析。

这种做法在生活中也普遍适用。你在做事时，但凡有一丝怀疑悄然潜入，很快整个过程就会弥漫着不安。你做事情的精力和能量，会被怀疑和忧虑消耗殆尽。

在那段看似永无止境的低迷期，两场比赛之间的日子里，我会独自前往训练馆。在那里，我拥有安静的环境和充足的时间，可以冷静解析自己投篮时的身体动作。在那种环境下，投篮几乎成了某种形式的冥想——我利用那段时间把其他一切杂念都抛在脑后，全身心地感受自己的身体，留意每一个细微的动作。在那种冥想状态下，答案自然浮现：问题出在我的脚下。我的投篮从起始动作就错了，没有专注用脚底发力蹬地，重心略微前倾到了脚趾上，这一点点微小的偏差导致随后的投篮动作产生变形，以至于篮球离手的时候，我不是在投篮，而是在扔球。

我调整了下一投的姿势。球进了。

"哦。"我轻声跟自己说。然后起身又投了一次，球又进了。接着，又进了。然后媒体就不得不另寻话题了。低迷期宣告结束。

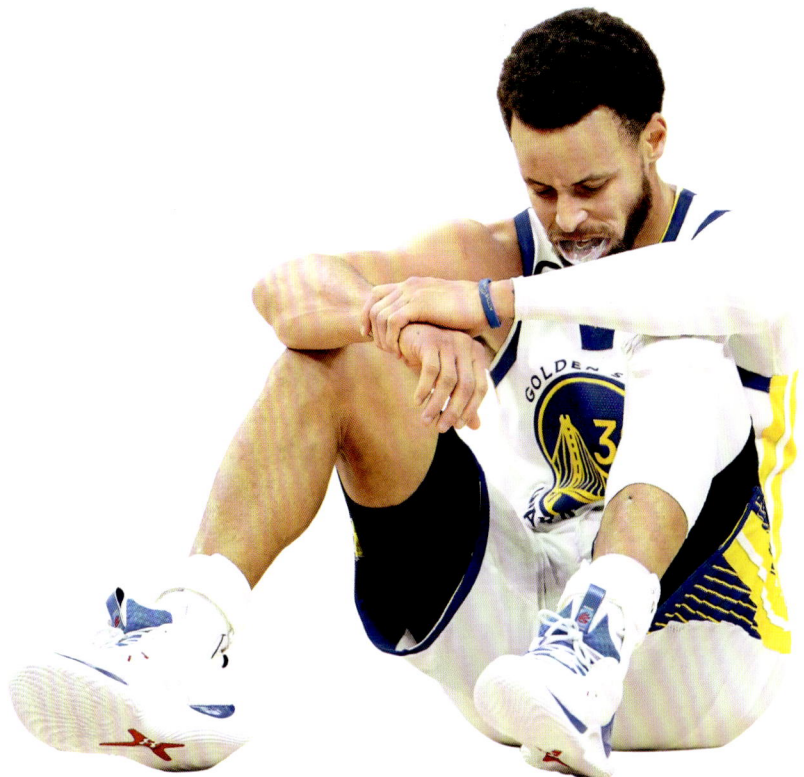

对如今的年轻球员们来说，"戴上眼罩"、保持专注越来越难了。社交媒体无处不在，时刻提醒你的每一次命中和投丢，甚至也包括其他人的得与失。你可能会看到别人的炫耀，自己也想复刻成功。看到我和其他一些打进 NCAA、NBA 或 WNBA 的成功者，你甚至会心生羡慕。但请记住，你在媒体上看到的只是结果，而非过程。这本书正是要揭示一路走来的所有步骤——成就我们的那些挫折与阻碍，失败与错误。**没有人是只由胜利堆砌而成的。**

在成长期，**要跟你能找到的最强对手去切磋。**你所在的城市或所处的领域里，最优秀的那些人。哪怕在较量中落败，你也能有所收获。如果对手跟你的水平太过接近，你只是对竞争的滋味浅尝辄止，这将无助于你的成长。

高三那一年，塞斯和我总是到处找机会打野球。多数情况下，我们会去位于夏洛特郊区的希斯克 YMCA（基督教青年会）分会。我们本以为那里高手云集。

有一天，我们想换个球馆感受一下，于是转战市中心的哈里斯分会。在那里，我们才意识到自己对本地竞争水平的了解只有冰山一角。跟哈里斯比起来，希斯克就像个低级别联赛。哈里斯不仅有一些在海外打职业联赛的球员，还有像阿兰·安德森这样已经效力于夏洛特山猫队的 NBA 新星。

在这里的挫败反倒给我带来极大的乐趣。每一次被撞倒在地，爬起来的时候我都会想，"好吧，这就是我需要达到的水平。"

安德森习惯用他沙哑而不耐烦的声音喷垃圾话。"你们只敢在希斯克撒野，"他跟我们说，"你们从不敢来这儿。"这种篮球文化我之前闻所未闻。整个氛围就是你死我活。

不过，我们确实在一场比赛中赢了安德森。离场之前，他当即要求重赛，并理所应当地扳回一场。当他拿起背包准备离开，还在出门的路上对我们喋喋不休："你们也就这个水平了！你们也就这个水平了！"

感觉很美妙。两个小时里，我学到了将伴随我未来好几年的经验教训：**被挑战、被针对是什么感觉，从失败中能学到什么，走出舒适区有多刺激，和顶尖高手的较量是多么价值非凡。**

我们原本只是想找点比赛打打，但我从中找到了更好的东西：对比赛的全新认知。

在夏洛特基督高中升入高四前的那个夏天，我参加了在拉斯维加斯举办的 AAU 锦标赛。能当着众多大学教练的面打球，我满心想着，**好吧，我的机会来了**。锦标赛结束后，我以为父母很快就会告诉我，有很多人打电话来招募我，结果眼睁睁看着一个又一个手下败将收到大学招募信，拿到奖学金邀约，我却始终无人问津。我在"身体"这一关就没能进入教练们的法眼：高三时身高只有 5 英尺 9 英寸（约 1.75 米），一年后好不容易才长到 6 英尺（约 1.83 米）。

最终我去了仅有 1700 名学生的戴维森学院打球，大二时带领校队打进了 NCAA 的精英八强赛。作为一支中等级别联盟出来的球队，我们向"最终四强"发起了强力冲击，只可惜功亏一篑，距离晋级只差一记三分球。赛后的更衣室里，每个人都在哭泣，一位记者突然问我是否要宣布参加 NBA 选秀。

那时我还沉浸在失利的伤痛中，压根没考虑过这个问题，但我猛然意识到，NBA 确实已经成为下一个目标。为了能提升自己的选秀顺位，我必须进一步提升比赛水平。大三那年我开始从得分后卫向控球后卫转型。在 NBA 里，得分后卫平均比控球后卫高 2 英寸（约 5 厘米）。另外，我还得成为更出色的进攻组织者和得分手。大学赛场已经足够挑战（个中艰辛已经在前文中提过，这里就不再赘述），NBA 赛场更是困难重重

选秀过程充满变数。尽管经纪人杰夫·奥斯汀向我再三保证，我的选秀顺位尽在掌握，每一天都有各种新的传言不绝于耳。选秀大会之前，杰夫为我安排了一系列球队见面会和试训。我为四支球队完成了试训：夏洛特山猫队、华盛顿奇才队、萨克拉门托国王队和纽约尼克斯队。

时任尼克斯队主教练的是迈克·德安东尼，他跟我谈论了我未来在这支球队的角色，介绍了他希望为我打造的核心阵容，包括年轻的意大利新星达尼洛·加里纳利，以及我未来的队友之一大卫·李。德安东尼在菲尼克斯太阳队打造出赖以成名的"跑轰进攻"体系，他渴望在尼克斯队复刻这一成功，其中很关键的一环正是由我扮演史蒂夫·纳什的角色。尼克斯队将会用 8 号签选我的事几乎是板上钉钉，以至于德安东尼还拿这事跟我开了个玩笑。

就在选秀夜不到两周前，在纽约格林伯格的尼克斯训练馆，他在一次训练结束后向我走来。

"我们不能选你了。"他皱着眉头说。

"啊，为什么？"我问他，心里一沉。

"因为阿兰·休斯顿不想成为尼克斯队史上的第二射手。"他边说边哈哈大笑。阿兰在尼克斯队打了 9 年，2005 年离队。很显然，德安东尼教练对我在尼克斯队的未来充满信心。**我也为此做好了准备**。

我和金州勇士队的对话则截然不同。事实上，我们之间毫无交流。

金州勇士队手握 7 号签，就在尼克斯队之前，但他们认为用这么高的顺位选一个从未试训过的球员太过冒险，父亲也向我保证，他们不会冒险。我以为他这么说是出于经验判断，当时我有所不知的是，**他和我的经纪人明确告知勇士队不要选我**。他们知道当时勇士队管理层内部有些混乱，不想让我沾染那些麻烦。我毫不知情的是，唐·尼尔森教练在选秀当天还给我父亲打了电话，问他"如果我们选中你儿子，你怎么看"。父亲后来跟我说，他当即回答："千万别选。既然你开口问我，那我就有话直说。千万别选。"

选秀开始了。每支球队有三分钟时间把他们的选择告知联盟总裁，后者会当着在场的球员、家属和当地球迷的面公布结果。我和父母、妹妹希德尔以及女友阿耶莎坐在自己的小圆桌旁。我很幸运，阿耶莎·库里如今成了我的妻子，但当时她的名字还是阿耶莎·亚历山大。自打我们 14 岁在教堂初次相识，她就一直是我所见过的最美丽的女孩。说老实话，那个周三晚上的教堂青年活动中，我几乎都不敢看她，因为她实在太光芒四射了。她在多伦多长大，我们都对一种只在加拿大能买到的糖果印象深刻，因此变得亲近起来。

此刻，我们一起看着时任 NBA 总裁大卫·斯特恩走上讲台，公布了状元签人选："在 2009 年 NBA 选秀中，洛杉矶快船队用状元签选中了布雷克·格里芬。"随后，灰熊队选中 7 英尺（约 2.13 米）长人哈希姆·塔比特。接下来，选秀目标从大个子转向我这样的小个子后卫。詹姆斯·哈登成为探花秀，泰瑞克·埃文斯第四。我一直担心自己过早被选中而不能加盟尼克斯队，现在我觉得这样的想法有点傻。奇才队把选秀权交易给了森林狼队，这样第五和第六顺位都在森林狼队手里。我们那一桌人一动不动，暗暗希望森林狼队能跳过我。我跟自己说，只要挺过这两个顺位，挡在我和尼克斯队之间的只有勇士队了，但他们不可能选我，我肯定能去纽约了。

森林狼队连续选中两名控球后卫，里基·卢比奥和约翰尼·弗林。一丝恼怒闪过心头：**连续四个控球后卫排在我前面？**

下一个就是金州勇士队。他们显然还在深思熟虑，因为他们的三分钟限时完全被耗尽。最终，斯特恩总裁回到讲台："在 2009 年 NBA 选秀中，金州勇士队用第七顺位选中了……"

斯特恩念出了我的名字。

我的第一反应是：可我连一句话都没跟他们说过呀！

现场爆发出我此前从未听到过的嘘声。那是一群尼克斯队球迷，他们跟我听到的说法是一样的，都以为当晚我会以尼克斯队球员的身份离开麦迪逊广场花园。

尼尔森教练显然另有打算。勇士队原本计划选布雷克·格里芬，但他第一顺位就被选走了，而森林狼队又没有选我，因此他们马上改变了主意。第二天一大早，我就要搭乘最早的航班前往奥克兰，那个看上去离我的家乡夏洛特十万八千里的遥远他乡。

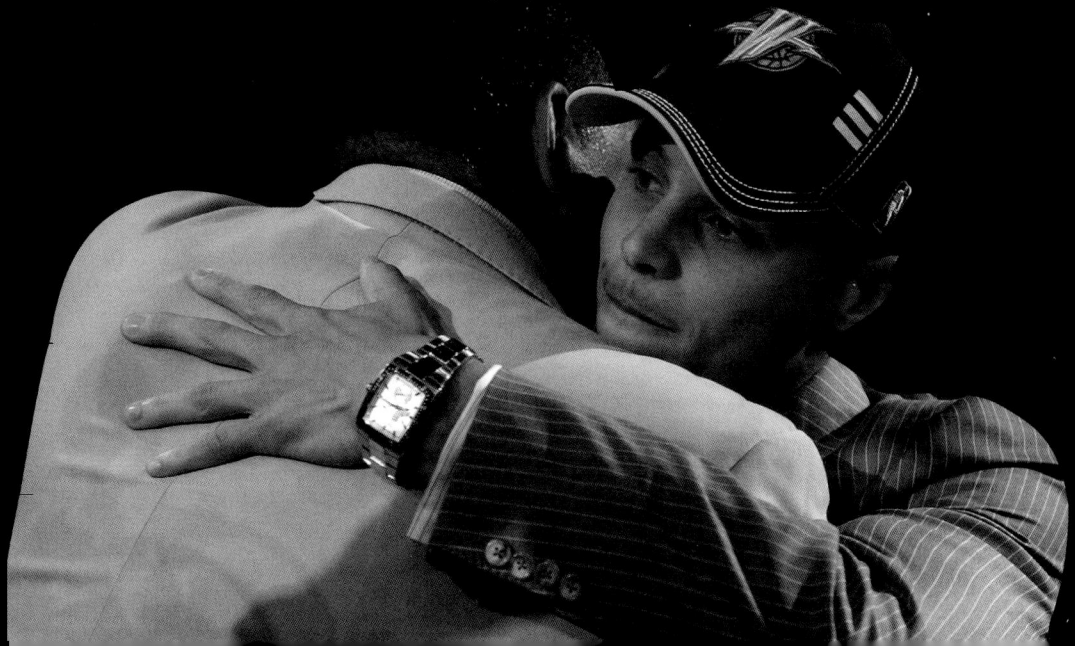

对意外之事保
总会有事发
有时你当下
事情发生正是

Be open to the unexpecte
and sometimes you won't see

保持开放态度。

生在你身上，

未必能看清，

为了成就你。

nings will happen to you,
t they're happening for you.

"金州甚至都不是一座城市。"选秀夜那天，奶奶这样对我说。对东海岸的人来说，加利福尼亚州就约等于洛杉矶。**母亲甚至不知道勇士队的主场在加州的哪个地方。**她说："我的宝贝要去很远的地方了。"

不可思议：**一个完全陌生的地方，怎么就毫无征兆地成了我的家。**

我只去过湾区一次。那年 3 月，我在那儿打完了大学生涯最后一场比赛，对手是圣玛丽学院盖尔队。我们输了，现场观众对我们充满敌意。

但后来，我渐渐爱上了湾区的球迷，以及北加州这片城镇。现在想来依然觉得不可思议：**一个完全陌生的地方，怎么就毫无征兆地成了我的家。**

说来有点讽刺，**从高中到大学，到步入职业联赛，再到征战季后赛，竞技水平越来越高，比赛反而越来越粗野和滞涩**。生活中的方方面面好像都是如此，你可能自己也注意到了这一点。随着技艺日臻完善，你来到更大的舞台，却意识到事情并没有变得更容易：你会发现，移动空间越来越小，遇到的摩擦和阻力却与日俱增。对手的封堵会更加不择手段，他们咄咄逼人，寸土不让。比赛变得越来越激烈，裁判们的吹罚却越来越少，等到他们真的介入比赛，成败的边界又只在毫厘之间，一次误判就能改变命运。

有人可能提前就跟你说过这些，但除非亲身经历，否则你很难相信。你达到新的高度，却发现挡在身前的还是老问题：现在，该怎么做才能成功呢？

1955-1956
NBA
CHAMPIONS

WARRIORS
BASKETBALL
1974-1975
NBA
CHAMPIONS

我对勇士队的近况所知有限，但我知道他们正处在美其名曰的"转型期"。我被选中的两年前，他们曾在季后赛中上演"黑八"奇迹——那是2006/2007赛季，"我们相信"的口号令人难忘。那一年，作为"下狗"的他们创造了NBA历史，以8号种子身份淘汰了联盟领头羊，奥克兰人也重新爱上了他们的主队。后来，很多球迷喜爱的球员被交易到其他球队，换回来的阵容又未能奏效。等到我加盟的时候，从管理层到更衣室，球队里充斥着信任缺失的混乱气氛。短短两年间，球队文化已完全腐坏。也许，你也曾在类似的地方工作过。

操控人们的感受是一件不可能完成的任务，所以优秀的领导者会创造一种文化，让情绪得到接纳，冲突得以化解。如果每个人都有共同的愿景，为了同一个目标而努力，问题就能迅速得到解决。高效的领导者会营造诚实透明的环境，如果他们能够坦诚地谈论自身不足，其他人也更容易承认错误和失误，这样团队就能及时做出调整，而不是让问题持续发酵。

相反，当你来到一个领导力匮乏的环境，很可能会看到人们试图用有害的方式争夺控制权，比如散布流言、恶语相向、背后捅刀。

这正是勇士队当时面临的情况。他们从"我们相信"这种团结一心、合力对抗世界的身份认同，变成了彼此怨恨。我指的不只是球员们，整个球队都被不信任感包围。

现在我来了。一个朝气蓬勃的、来自小学校的21岁新秀，跟其他人一样天真单纯地来到训练营。

新秀赛季开打前，我代表男士队参加了拉斯维加斯夏季联赛。到那时候，全队我只认识一个人——安东尼·莫罗，他是在夏洛特和我一起长大的伙伴，前一年就在勇士队打球，如今正竭力重返球队。C.J. 沃特森也在队里，他之前在田纳西大学志愿者队打球，上赛季尼尔森教练用连续两份 10 天短合同把他从发展联盟正召了过来，现在正努力证明自己。C.J 和莫罗向我大致介绍了球队如今有多么混乱，但同时也告诉我，**在尼尔森教练的体系中打球，有多么妙趣横生。**

"奈利（尼尔森教练的绰号）直到训练开始前 5 分钟才会出现，"C.J 说，"他会在边线放把椅子，等我们热完身，他就开始叫战术。"

莫罗接过话："然后你们就直接开打。"

"这就是训练计划吗？"

他们哈哈大笑，齐声回答："没错。"

我的训练营初体验正是如此。我们在热身时做了一些技术练习，然后一位助教把一把椅子放在边线，身高 6 英尺 6 英寸（约 1.98 米）、69 岁的尼尔森教练一屁股坐了上去。我注意到他手里拿着个哨子。随后，他开始用浓重的中西部口音喊战术——"四号位拉开！""一号位拉开！""二号位拉开！"我们照做不误。如果谁的动作太慢，或者不敢投篮，就会被他大吼一通。"奈利篮球"是教练的一大创举，这是一套依赖速度的"跑轰进攻"体系，但几乎没什么防守可言。这套体系有时也会被称为"小球战术"，但实际上只是因为尼尔森教练希望把他最好的进攻球员都同时派上场，以此来拉开空间，用最快的速度把球送进篮筐，所以也就不拘泥于传统的位置限制。整个训练营期间，我们可能只做过一次防守训练。这也是对"奈利篮球"的一大批评——过于强调进攻，球员们随机轮换、过于混乱，损害了球队的防守基础。

最近，尼尔森教练跟 ESPN 说，发明这种打法只是为了"因材制宜"，把手头的球员用到位，我听了之后不禁哑然失笑。"只有当你的球队实在太弱，又或者队里有一大堆优秀的小个子，却没有多少像样的大个子，你才会打'奈利篮球'，"

他说，"当你手下的球队实在太烂，要想赢下那些不指望能赢的比赛，你必须发挥创意。"所以，**当时的我们也许就是一支烂队。**

"奈利篮球"拓宽了我的进攻视野，但它最核心的要求——快速投篮、跑垮对手——原本就是我的传统强项。现在，在教练的坚持下，这也成了全队每一个人的撒手锏。在这样一支"跑轰大队"里，我不确定该如何让自己脱颖而出。

提到这些小成就不是为了自吹自擂，它们也算不上是什么骄傲——我只是在庆祝"J形曲线"开始上扬。之前的努力总算开始有了点成效。

作为新秀，你总在等待那个时刻到来——你真正开始对自己在做的事情一清二楚。当你沉浸在比赛的心流状态中，想做的动作信手拈来，甚至会让你有那么点震惊。当这种时刻到来，你会极度渴望留住这种感觉。把这种感觉带回家，像欣赏奖杯一样回味它。但重温这样的胜利时刻，除了享受多巴胺分泌带来的刺激，你还可以用来想象未来的成功，将其"视觉化"。

在训练营里，我正好需要一个这样的时刻。当时我觉得好像除了我之外，其他人都熟悉战术指令，理解比赛节奏。他们都有 NBA 比赛经验，适应联盟里更快的速度和更强的身体对抗。而我只能边打边琢磨。

我一直期待的时刻终于到来了。我现在依然记忆犹新，就好像我刚刚结束那次训练，正在驱车回家的路上一样。我们在奥克兰训练馆的左侧球场打球，球队正在快攻中向前推进，队里的明星后卫蒙塔·埃利斯把球向前传给了我。

奈利一直主张用一种特定的方式打快攻——他认为只要能快速决策，抓住防守漏洞，你就能创造出一波连贯的进攻势头。逻辑在于如果你让防守者重新落位，节奏由此放慢，你就会失去优势。这听上去很简单，但执行起来并不容易。

我接住蒙塔的传球，持球推进，选好了突破点。挡在我身前的是凯兰纳·阿祖布克，他身高 6 英尺 5 英寸（约 1.96 米），又高又壮。眨眼间，我一个变向过掉他，看着他往一个方向扑过去，自己朝另一个方向前进。无人防守之后，我来了个近距离的急停跳投，球应声入网。

我简直欣喜若狂，但我知道自己得保持冷静。这可不容易，因为我心里已经乐开了花。但我必须稳住自己——我可不想让别人看出自己有多兴奋，否则就会在剩下的训练时间里沦为菜鸟笑柄。不过新秀那年跟我住在一起的哥们儿克里斯·斯特拉坎会告诉你，训练结束后我冲进公寓，第一句话就是："嘿，你绝不敢相信今天发生了什么。"

我拿到了那场训练的录像带，但我必须尽量掩饰内心的急切。我对负责录像分析的教练说："能给我一份训练录像吗？我想复习一下战术。"

但你我都知道我为什么想要拿到那盘录像带：我需要再看一遍那次变向过人，不对，是一遍又一遍。我想留住那个瞬间。

训练过程中，我会观察蒙塔·埃利斯。他没跟我说过一句话，但他的天赋之高不言自明。**蒙塔是个天生好手，而且目标明确。**2005 年，他以密西西比州杰克逊市的高中生身份直升勇士队，每场比赛都带着"职业杀手"的心态。不管球队内部有多混乱，他的态度始终都是"把球给我，我就能得分"。他为"我们相信"这一荣耀立下汗马功劳，但在媒体那里却没得到多少认可。奈利也没帮忙，还说他"很难执教"。

蒙塔跟我都是 6 英尺 3 英寸（约 1.91 米）的后卫，所以他并不欢迎我的到来。那年季前赛的媒体日上，他向媒体直抒胸臆，说后场不能同时上两个小个子球员。这话本身没有问题，在后场同时上两个小个子后卫确实不好打。但考虑到这句话的表达方式和时机，再加上我俩连一句话都没说过的前提，事情就变得有点儿奇怪了。自然也给媒体提供了可炒作的话题。

事情是这样的：蒙塔年仅 24 岁，但已经是一位经验丰富的老将了。在这样一支缺乏认同感的球队里，他几乎是被迫承担起领袖重任。在"成为老将"的道路上，蒙塔还在继续进化，后来也完全担当起了这个角色。我看着他在角色中逐渐成熟，也以他为镜，从中学到了很多，对此我心存感激。但先把领导力的事放到一边——关于他，我第一年印象最深的是并肩作战的欢乐，他快得就像是"密西西比子弹"。他给防守施加压力，过掉防守人，从各个角度从容施射，一切都像是在上一堂有关速度的 NBA 大师课。我享受和他一起打球的每一秒时光。

10 月 4 日，我们迎来球队第一场季前赛，对手是快船队。驱车前往甲骨文球馆的路上，我紧张得要命。尽管我从小就在这种环境下长大，从孩提时代就梦想着这样的时刻，但依然有一种"灵魂出窍"的感觉，不敢相信这一切真的将要发生。

结果整个第一节，我都没能上场。

这是因为奈利在季前赛采用了他所谓的"冰球换人"轮换模式——场上的五名球员同时被换下。所以，我只打了比赛的第二和第四节。第一节没能上场，反而让我的紧张情绪得到了些许纾解。第一节的某个时刻，我回头看了一眼，甲骨文球馆的观众席只坐了一半人。这可不是什么好兆头。

顺便说一句，我们赢了，比分是 108 比 101。我只得到 5 分，9 投 2 中。**"他看起来不显山露水，但手快脚也快，"**奈利赛后对记者这样评价我，**"**总有一天，他会成为一名很特别的球员。"但很显然，不是今天。

遇到新教练或新球队经理，你总想表现出自己是能够适配的。当然，他们同样需要赢得你的尊重，但他们也要知道，你不会浪费他们的时间。他们会早早地考验你，给你具体指示，看你能听进去多少，又能执行多少。如果你在季前赛或采访中都做不到这些，到了关键时候，自然也不可能有好的表现。

有些指导会以批评的形式出现。但要始终记住，你上场打球就是为了寻求指导。把问题暴露出来，才能有所提升。

不要逃避批评。有则改之，无则加勉。

时至今日，每场比赛之前，我依然会坐立难安。季前赛、常规赛、总决赛抢七战，全都一样。现在我明白了，比赛前这种强烈的紧张情绪总会来袭，我无法阻止，但紧张情绪出现后，我能够控制它们。

我有个简单的办法，你现在就可以跟我一起做：做几次深呼吸。要有意识地主动做，真正让自己慢下来。让你的大脑为身体定下基调，而不是反过来，由身体为大脑定调。

呼吸是比赛中我身体和心理的交汇点。无论是在训练中，还是从季前训练营，到赛季中期，到季后赛乃至更以后，我都坚持这个习惯。

在我的篮球训练营里，我会把这个简单的呼吸方法教给年轻人，因为我知道他们的能量水平有时会超出身体的供氧水平。他们只想打球，几乎不做热身，更别说在比赛中关注呼吸了。然而，一旦学会了主动深呼吸，不仅能让他们放松神经，还能帮助他们更好地处理信息，更快地做出反应。

处理重大任务或项目的时候，如果你也感到紧张，记住这个方法。留意具体是什么让你紧张，然后有意识地放慢并加深呼吸。如果有时间，在一天刚开始的时候就去做这个简短的呼吸练习。因为一旦清醒，身体的神经系统就会试图为思维提速，让你处理信息的速度之快远超实际所需——这可能会导致失误。即使这个任务的重要性有如总决赛抢七战，需要你倾尽全力去争取胜利，你也该提醒自己，这只是再平常不过的又一天。所以，做个深呼吸。

不要畏惧紧张情绪，也别总想着摆脱它们。它们之所以出现，是因为总会有些事情对你来说非常重要。你永远都不会希望这种感觉消失。

第一场季前赛过去 5 天后，奈利还是老样子，依然让我在第一节坐冷板凳，但我并不介意。那 12 分钟，我在洛杉矶论坛球馆里近距离观察科比·布莱恩特是如何打球的。

第二节开打，我终于能上场防守了。科比不是跟我对位的球员，但在某一个回合，他和我形成了错位攻防。他试图背打我，这时我听到他在要球时发出"嘶嘶"声。嘶嘶嘶……对，就是那种黑曼巴蛇要发动致命一击的声音。

"我的天哪！"我心想。什么？这是真的？我竭尽全力防守他，但他的要位已经太深了。即便我拼命用身体扛住他，还是被他一路顶到了油漆区内。

"嘶嘶嘶。"他高举右手示意要球的同时，左手拍在我的小腿上，手指像钳子一样锁紧，向下直奔我的脚踝而去。我奋力挣扎，但完全动弹不得。我知道这是犯规，于是看向裁判，但他只是站在那袖手旁观。我忍不住冲裁判大喊："嘿，嘿，嘿！"但他不为所动，就那么盯着我。整个过程中，科比的手一直紧紧抓着我的腿，脸上带着一丝几乎察觉不到的坏笑。

终于，他接到球，使出几个试探步，底线转身，上篮得分。跑回后场时，他看都没看我一眼。我像是灵魂出窍一样，用上帝视角观察着这一切，还对场上动作脑补出了转播解说。一开始是："哇，这真的发生了！"然后是："哦，他打爆我了。"再然后，我为自己感到深深的尴尬——一个新秀菜鸟，居然在一场季前赛里抱怨裁判，指望能要到一个犯规。

这只是一场季前赛，但我已经能感受到，来到职业赛场，身体对抗和比赛强度又上了一个台阶。**与防守科比的这个回合比起来，我想不到还有其他什么别的方式，能让我更快地完成"职业赛场入门"。**欢迎来到NBA。

没人认为我应该在常规赛揭幕战打首发，但这种想法也可能是球队内部的混乱所致。季前赛快结束时，我的表现相当不错，所以我觉得自己配得上首发。尼尔森教练也是这么想的。我知道首发位置本该属于更有资历的球员，机会却落到我这个新秀身上，这让我多少有点不自在，但我试着让自己去享受这一刻。

我相信快乐是可以主动选择的。关于我获得首发机会这件事，别人有何感受我无从干预，我能选择的是让自己接纳这份快乐。

甲骨文球馆更衣室旁边有个地方，赛前会有专职牧师来主持 15—20 分钟的礼拜。在那场常规赛首秀之前，参加礼拜的有我和另外三名勇士队员，以及两名火箭队员。

如今，每场比赛开打前，我都会花点时间研读《圣经》。

带着明确目标打球，对我来说就像呼吸一样自然和必要。大学时代的第一次训练之前，母亲给我发了条短信，内容是《圣经》里她最喜欢的一句经文，来自《罗马书》第 8 章 28 节："万事都互相效力，叫爱神的人得益处，就是按他旨意被召的人。"直到今天，每当我感到挑战，都会从这句经文中汲取力量。这句经文精妙绝伦，不仅描述了激励我前行的信仰，也传达出强大的接纳感，不管发生什么，都能坦然面对。

出手投篮时，我总是信心十足，相信结果对我有利。这并不是说每球必进，而是说无论结果如何，凡事都有原因。你可以控制自己能控制的，但在你之上，有另一种力量指引着一切。最终，事情会按照应有的方式发展。

我不是那种拿着《圣经》给别人洗脑的人。我喜欢谈论我的信仰，把握每一个机会，但我更相信行胜于言。在篮球运动员的身份之上，我首先是一位丈夫和一位父亲。在所有这些身份之上，我是一名信徒，这是我一切行为的根源。所以，想了解我和我的打球风格，就得知道我的灵感和根基从何而来。

从甲骨文球馆的那场首秀起，我就养成了赛前在更衣室的小房间里研读《圣经》的习惯。这么做能提醒自己，我的目标究竟是什么。那个房间里也总是充满感恩之情——我们唯有正确行事，方能不负上天恩赐。

艾弗森，身高 6 英尺（约 1.83 米）的致命射手，一直是我成长中最喜爱的控球后卫之一。我有很多控球技巧都以他作为模板，或者说在试图模仿他。每当在球场上遇到这些我重点研究的伟大球员，我都要努力保持冷静。我告诫自己要把球迷心态和工作心态区分开，因为现在我不是看着他们打球就行，而是要彼此针锋相对。但我还是没办法完全抑制住那种惊叹感。我和 AI（艾弗森的昵称）在同一个球场上！不，不止如此，当我们对位时，我还要负责防守他。

我知道该怎么防守他，或者说我以为我知道，因为从小时候起，我就已经在头脑中无数次模拟过与他对抗。但他还是完爆了我。当 AI 进入联盟，他不仅马上改变了比赛，此后也一直在不断进化。

这些年来，我对 AI 的爱也在一定程度上得到了他的回应。在一个电视节目中，他把我排进了他的历史最佳五人阵容。**我的手机上至今都还存着这个视频片段。**

现在我成了一名老将，每当跟新秀们较量的时候，我会忍不住想起自己跟 AI 的初次交手——我是菜鸟，而他处在职业生涯末期。如今的新秀们从小研究我的动作，有时候甚至让我觉得自己像是在对着镜子打球，所以我必须得开发点新玩意儿，就像当年的 AI 一样。然后，"完爆"他们。

135

那场揭幕战我们输给了火箭队。下一场比赛又输给菲尼克斯太阳队。侥幸偷到一场胜利之后，又连输了两场。

从中我领悟到一个道理：**团队的化学反应需要时间来建立**。人人都知道良好的化学反应对赢得比赛至关重要，所以我们都有点急于求成，迫不及待想要建立起彼此的联系，尤其在连续输球的时候更是急不可耐。但最深厚的化学反应总是自然形成的，需要一群人在一起经历起伏，共同进退，才能心心相印。

化学反应在一定程度上来自团队有共同的目标，有时则需要共同经历逆境。当队友遇到困难，你要留意观察他们，这些时刻可能会激发出他们的新潜力。见证这个过程，会让你和他们的成长历程紧密关联。

这种难以名状的关联感会在球场上产生效果。这能让你在转瞬间评估风险。如果我放弃这次投篮机会，能期待队友做出正确的选择吗？我们常说，为了赢下比赛，我们需要研究和尊重对手，但队友呢？了解与你并肩作战的人，学会欣赏他们的所长，对你未来能带好团队、知人善任至关重要。

那是我们的第一次东部客场之旅，在印第安纳以 14 分之差输给步行者队。赛后，我们 7 个球员去了当地一家牛排馆吃饭。吃到一半，斯蒂芬·杰克逊用手机给知名记者马克·斯皮尔斯打了个电话。我们都坐在一旁听着，杰克逊开始痛斥斯皮尔斯写的一篇报道。那篇报道引用了一些匿名球员的话，说勇士队已经厌倦了杰克逊何时才能被交易的流言，年轻球员已经明显受到消极影响。杰克逊不仅开了免提，还把斯皮尔斯骂得狗血淋头。我们都全神贯注地听着，因为杰克逊的情绪是如此激动。我也意识到，自己无意中被卷进了更衣室里的"流言工厂"。这让我有点瞠目结舌，尽管我从小跟着身为职业球员的父亲走南闯北，但还从未亲眼见过篮球世界的这一面：更衣室里的微妙关系，以及与媒体的唇枪舌剑。

杰克逊把话说得很清楚：除非听我亲口说，否则不要相信任何话。"等我知道了该知道的，会让你知道的。"

我开始思考，我想让人们知道什么，他们又需要从我这里听到什么。那晚我登上当时还处于萌芽期的推特，发出一条推文："向所有勇士球迷承诺……我们一定会解决好这个问题……哪怕付出一切，我们也会解决好。"

我按下发送键。现在回想起来，当时的我有点冒昧了，我还只是个菜鸟，没有资格代表球队公开发言。但我使用了"我们"这个词，这很重要。如果你不喜欢输掉那么多比赛，这种感觉当然会让你寝食难安。你会觉得自己有义务——一种强烈的愿望——把问题解决掉。**但想要扭转局面，只能靠大家同心协力了。**

不要去证明

要去证明自

It's never about prov

It's about prov

别人错了，
己是对的。

other people wrong.
yourself right.

以最高标准要求自己，其实是一件很美好的事情。

尼尔森教练让我连续好几场比赛坐冷板凳，不做任何解释就减少我的上场时间。我正为了能在 NBA 赛场站稳脚跟而努力，场均上场时间却从 30 分钟锐减到只有 12 分钟。

在纽约的一场比赛里，教练只让我打了 1 分 5 秒就把我换下。在那场艰难比赛的最后时刻，连尼克斯球迷都在呼喊着让我上场。教练最终让我打了终场前最后的 1 分 30 秒。这让我喜忧参半：喜的一方面是为自己重要到能让球迷高呼而高兴，忧的一方面是我能做的又只是在场上运球来耗完时间。我需要更有意义的上场时间。

最近有位年轻球员向我寻求建议，我又想起这段坐冷板凳的时光。他的烦恼是如何在遭到雪藏，等待召唤的情况下保持良好状态。我给了他五六个体能训练方案，可以帮他保持手感、调整体能。他的态度很积极。

真正的耐心都是被强逼出来的。当你上场时间不足（没人觉得自己的上场时间足够多），觉得自己被忽视，跟你说训练耐心会大有帮助，你只会觉得这是说教。可是，事实的确如此，如果你愿意从中学习，等待本身会让你成为更好的球员。

那些感觉自己停滞不前的时刻，正是做好"一投制胜"准备的时候。这就像你为投篮做准备一样：你练习投篮准备动作——鼻尖位置不要超过脚尖，臀部下沉，双手张开，当球传到手中时，你才不会失去重心。

我还是新秀的时候，联盟里有一大批年轻控卫在彼此竞争，都渴望自己能脱颖而出。比如朱·霍勒迪、泰·劳森、杰夫·蒂格、布兰登·詹宁斯，当然还有我。我很熟悉詹宁斯，他曾是全美前四的高中生之一，与霍勒迪、泰瑞克·埃文斯和兰斯·史蒂芬森齐名。但他选择跳过大学，成为高中毕业后直接征战欧洲职业联赛的全美第一人，引发了不小的轰动。如今他从意大利回国，跟我同届选秀，依然比我小一岁。我和他一起参加过几次选秀前的试训，一次在萨克拉门托，一次在华盛顿。他在第十顺位被密尔沃基雄鹿队选中。

第一次客场对阵雄鹿队时，奈利还是让我打替补。我的上场时间比以往略微多了一些，零零碎碎地打了 26 分钟，而詹宁斯打了 41 分钟。第二节比赛中，我们试图对他进行包夹防守。他从左侧绕过掩护，在中路用一个快速的交叉步变向过掉我。我被晃倒在地的那一刻，他已经杀到篮下，造了投篮犯规。第三节比赛，詹宁斯彻底爆发，单节砍下 29 分。最终，他全场独得 55 分，成为 NBA 有史以来单场砍下 50+ 的最年轻球员。

与此同时，我还在盘算着自己的出场时间。如果连上场机会都没有，又怎么能展示出自己的能力呢？**我深知自己和同龄人一样出色，甚至可以说比他们更出色**。我只是需要一些时间来破局，特别是需要一些场上时间。

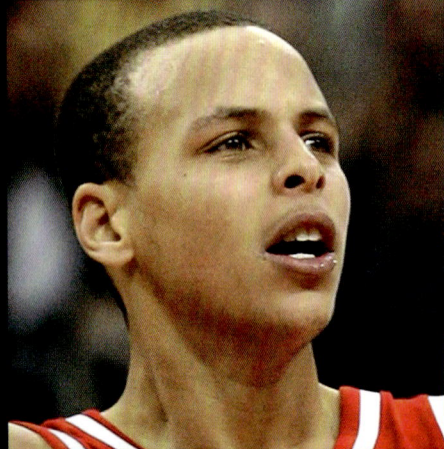

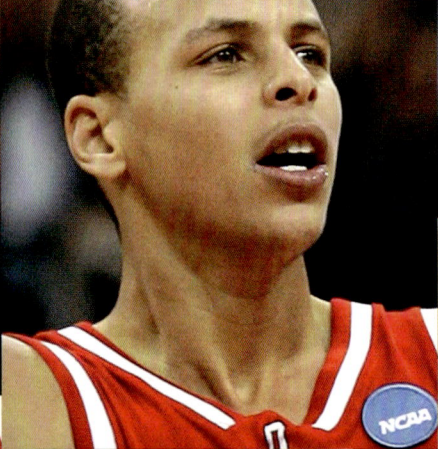

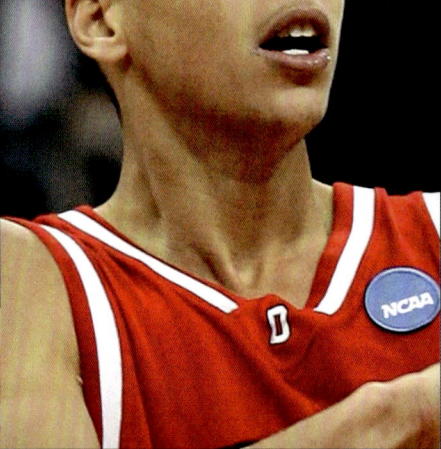

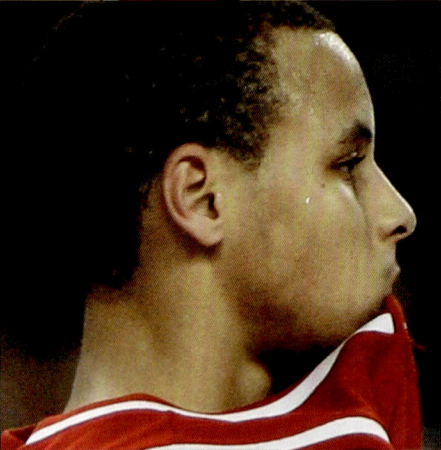

下一场比赛在克利夫兰，出发之前，我的经纪人找人制作了一个我大学时期的集锦视频。他说："提醒你自己，你能打出好球。"

我看了那个集锦。我看到自己在球场上并不是走走过场，应付了事，而是主动换档，猛然提速，**不只是进入状态，而是火力全开。**

我知道自己依然能开足马力，依然能火力拉满。有时候我们都需要一点提醒。在启程前往克利夫兰的路上，我能感觉到那份自信又回来了。

在克利夫兰的第一场比赛前一晚，我去勒布朗·詹姆斯的家里做客。他只比我大四岁，却已经比我在 NBA 多打了 6 年。差不多一年半以前，就在我的大二赛季，他专程来到福特球场，现场观看了戴维森学院对阵威斯康星大学的"甜蜜十六强"比赛。这位未来的名人堂成员，可能也是有史以来最伟大的球员，后来还送给我一件球衣。他在上面写下这样的字句："致北卡罗来纳的篮球之王。"我把那件球衣挂在父母家中，它对我意义重大。

他家地下室有个保龄球道，我在那里见到他刚满五岁的大儿子布朗尼，这个小家伙壮得就像只斗牛犬，体格远超同龄人。我和勒布朗没有讨论第二天的比赛，只是跟他聊了聊勇士队的近况。就在那天，斯蒂芬·杰克逊和阿西·劳刚被球队交易了。勒布朗当时没多说什么。

比赛结束，他们击败了我们，他才给了我一些回应。

他把双手贴近眼前，比画着告诉我，**职业生涯初期必须保持一种"隧道视野"，也就是尽量保持专注，即使球队没有夺冠实力，也要找到自己的精进之道**。专注于每一天的日常功课，培养有助于你未来成功的正确习惯。唯有如此，当属于球队的机会来临，你才能从容把握。

你必须屏蔽失败带来的所有噪声和干扰，专注于让自己变得更好。

这些道理我都懂，你也明白。但我们时不时都需要一些额外的激励。他当时给了我动力，现在我把它传递给你。无论你是球队的新秀，是等待融资的创业者，还是正在与磨合欠佳的团队一起工作，都要让你的时间产生价值。考虑清楚你希望成为什么样的球员，当时机成熟，你就能做好领导全队的准备。

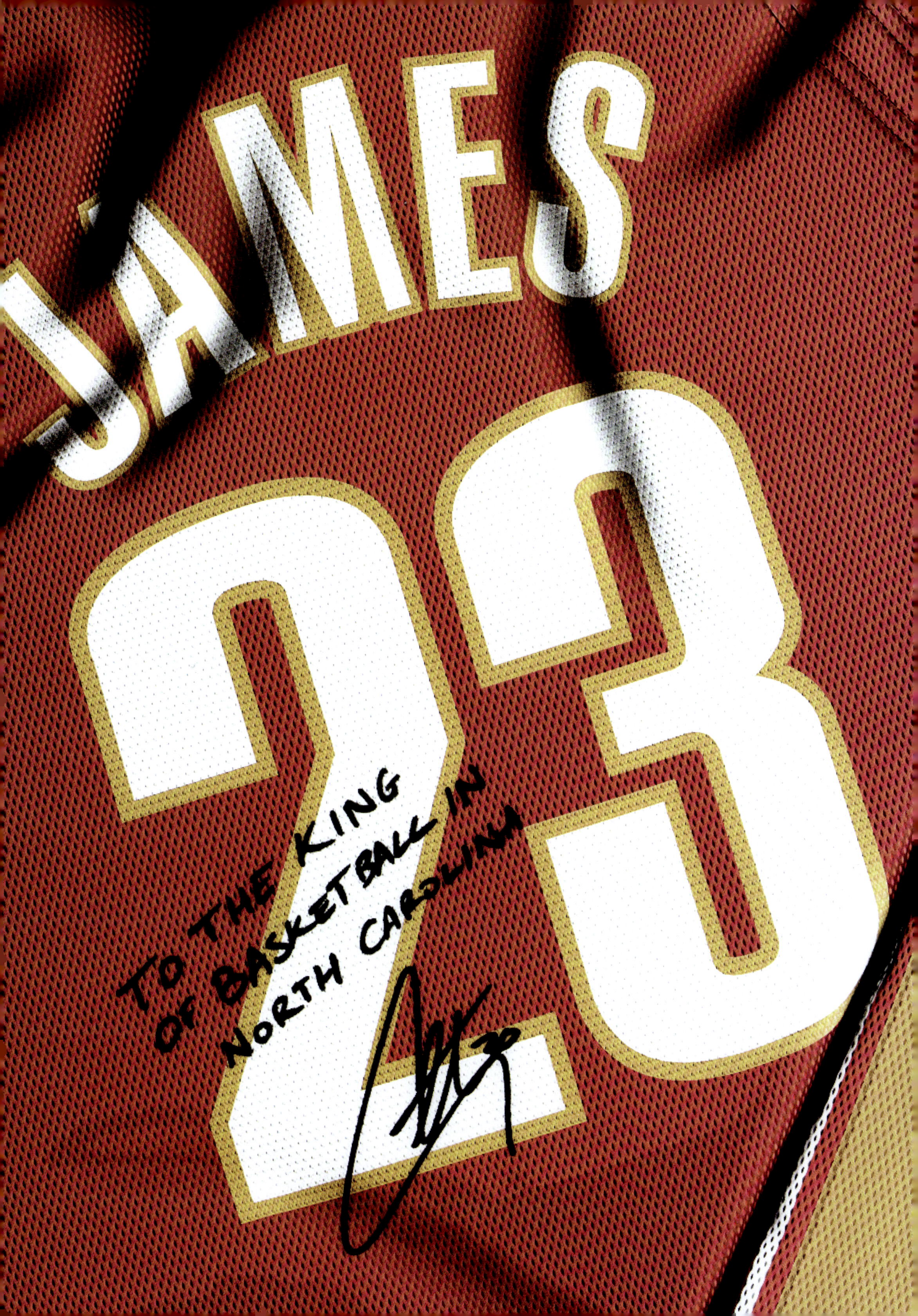
JAMES
23
TO THE KING
OF BASKETBALL IN
NORTH CAROLINA

你必须学会欣赏竞争对手。带着**敬意和
"适度的畏惧"**面对他们，毕竟他们是冲
着你来的。这是击败他们的唯一方法。

你必须学会欣赏竞争对手。带着**敬意和
"适度的畏惧"**面对他们，毕竟他们是冲

即使尼尔森教练想让我在新秀赛季坐冷板凳，他也无人可用。杰克逊被交易，蒙塔时不时受伤，勇士队几乎成了一支升级版的发展联盟球队。

球队内部不太和睦，但我们还是找到了一个共同目标：为唐·尼尔森冲击胜场纪录。他当时 69 岁，在联盟里已经摸爬滚打了足够的年头，带队获胜总场次数已经逼近当时 NBA 历史第一的兰尼·威尔肯斯。原纪录是 1333 场，我们还需要赢下 24 场比赛才能帮助他登顶。82 场常规赛，只需要赢下区区 24 场。

然而，我们一路溃败，一会九连败，一会六连败，让这个目标变得岌岌可危。更关键的是，这注定将是尼尔森教练执教的最后一个赛季。尽管他向媒体表示，如果老板允许，他愿意在下个赛季免费执教勇士队，但这个希望显然已经落空。

最终，在 3 月前后，**我们这支七拼八凑、毫无凝聚力的杂牌军，意外找到了冠军级别化学反应的关键要素：兄弟齐心，目标一致。**

我们必须为尼尔森教练拿到 24 个胜场。

挫折是来帮助我们成长的，而不是对我们"盖棺定论"。**如果向失败者的心态屈服，就只会不断以各种方式重蹈覆辙。**对个人、对球队都是如此，无论你是团队一员还是球队领袖，从失败中汲取经验，但不要让挫败感延续到下一场比赛。

22 岁生日后的那晚，我们在主场比赛。当天是
3 月 15 日，第四节，湖人队领先我们 6 分。我
运球推进到前场，假动作晃开防守者，后撤步打
板命中。

摄像机镜头恰好扫过湖人队替补席上的科比，他
凑过去跟亚当·莫里森说："这小子可以！"后
来我看到了这段视频。我的第一反应就像是个铁
杆球迷："他在夸我？！"什么？真的吗？

后来科比评论说，尽管我们对待比赛的方式有所
不同，但我们都有同样的决心，为了胜利都不
惜一切代价。我打球面带微笑，而他打球不怒
自威。

"他身上有一种极其致命的沉稳和镇静，"2015
年在 ESPN 采访中，科比对迈克尔·威尔本是这
么说的，"因为他既不焦躁，也不慵懒，既不纠
结已发生的事情，也不焦虑没发生的事情。他只
是专注于当下。"

**我打球时洋溢着快乐，因为这就是我本来的样
子。但在内心深处，我有着强烈的求胜欲望。**很
多人意识不到，我嘻嘻哈哈的外表下隐藏着杀手
本能。但科比察觉到了。

你可以拖垮对手。

比赛第一节，他们或许还体能充沛，思维敏捷，肾上腺素飙升，在场上心手合一。这时的他们最具威胁。

但到了最后两节，你再看看他们的表现吧。这是我如今所有训练的一大目标，也是一直以来潜意识里的一种策略，从高中和大学时期就是如此：跑动范围覆盖全场，有球无球都积极跑位，整场比赛都在不停游走。在场上，总有比我更壮、更快的家伙想给我难堪。我的应对之道就是，绝不在同一个位置停留超过一秒。

这就是为什么我需要更多的出场时间。

这套策略的效果出奇地好。刚进联盟时，我以为每个人的体能水平都很高，但事实并非如此。有些人只是在吃老本，靠天赋、身材或运动能力占据一时优势。体能训练的意义在于，能让你全场都发挥最佳水平，而不是偶露峥嵘。有些人会在场上"摸鱼"混事，直到终场哨响前的"关键时刻"才爆发小宇宙。但在我看来，每一刻都是"关键时刻"。

通过高强度训练来保持稳定的精力和效能，这对于全部四节比赛乃至整个职业生涯都至关重要。

体能充沛，才能百折不挠。

赛季进入收官阶段。4 月 4 日，我们在多伦多击败猛龙队，尼尔森教练追平了纪录。但随后我们居然输给了奇才队，一支战绩几乎和我们一样糟糕的球队。

在明尼苏达，我们终于拿下奈利最需要的那场胜利。唐·尼尔森现在成了 NBA 历史上执教胜场数最多的教练。赛后我们马上举行了庆祝仪式，争相把水泼到每个人的头上。那是在 4 月中旬。最后 4 场比赛打完之后，我们这个赛季的战绩最终定格在 26 胜 56 负。

如果我们没有达成这个共同目标，我不知道那个赛季最终会是怎样的结果。**但只要你能找到比自身更有意义的目标并为之而战，再艰难的困境也能挺过去，篮球场上也不例外。**

自信心是解锁潜力的终极法宝。

第一个赛季接近尾声时，我能感受到自信心在增长。我有机会在一些比赛中与联盟顶级的强队和巨星过招，而且不落下风。

观察下一代球员成长时，我也看到了同样的情况。一旦克服了最初的不安全感，向自己证明了实力，他们看待比赛和自我的方式就会发生蜕变。比如，看看特雷·杨的第二个赛季。有好几场比赛，他在第四节大发神威，命中关键球，带领球队获胜。现在他知道自己能在最高的舞台，顶着最大的压力打出最好的表现。从那一刻起，他进化成了一名真正的职业球员，不再只是个业余选手或犹豫不决的菜鸟。完成蜕变之后，整个人从此与众不同——你只管打自己的比赛，知道自己无须去证明什么。你唯一需要的认可，来自比赛结果。

一旦你有过几次瞬间成长，几次几乎连自己都感到震惊的时刻，你就会信心十足。好像在游戏中打开了"作弊码"，将表现提升到了新高度。

职业生涯早期，你可能忙于汲取经验，以至于当机会来临时都毫无察觉。有一天你走上球场，突然感到一种归属感。你不必再苦苦寻找答案，也无须祈祷好事发生。**现在，你就是坚信不疑**，自己注定将大获成功。

那个赛季结束时，我已经明白了自己的技术强项——出色的投射和细腻的球风——足以在 NBA 赛场上站稳脚跟。但我也清楚看到，要想百尺竿头更进一步，还有很多必不可少的"下一步"等待着我。

我需要变得更强壮。那时我还很瘦弱，这让我在防守端相当被动，对位高大球员时很难站定位置，进攻端也饱受其苦。每次我切入内线，都会被人推开而失去平衡，传球或上篮都变得更加困难。

作为球员，你必须持续进化。即便是联盟中最天才的球员，拥有你永远也学不来的天赋，比如说身材或运动能力，也要通过进化来保持竞争力：7 英尺长得学会投三分，弹跳惊人的扣将也得学会阅读比赛。对于我们这些天赋平平的其他球员来说，进化更显得尤为重要。随着竞争强度的提升，比赛也在发生变化。成名路上那些屡试不爽的招式，到了最高水平的赛场上可能就无法奏效了。

只靠"吃老本"或"一招鲜"，赢得了一时，赢不了一世。善战者，必先善变。

职业生涯第二年，距新赛季开始大概一周前，一次训练结束后，我的手机突然响了。整个训练营期间，我的表现都很挣扎，投篮效率远不达预期，各项数据全面下滑。

我接起电话，是蒙塔。

新秀赛季里，我和他的关系不算特别铁，可我很喜欢他——沉默寡言，但时不时会一语惊人。有一次我们都在球场上进行投篮训练，蒙塔一开始状态有点慢热。某个助理教练（我忘了具体是谁）冲他嚷嚷："嘿，蒙塔，你还跑不跑战术了？"

蒙塔嗅了嗅空气，轻轻哼了一声。

"我可没闻到爆米花的香味，你们闻到了吗？"他说，"你是现在就来真的，还是等会儿再说？"

这句俏皮话我到现在还在用。

不过，从篮球专业的角度看，我们在攻守战术上确实没什么默契。作为队友，我们从未建立起足够的信任。

所以他的来电多少有点出乎意料。

"嘿，跟我说说，你是不是开始感到压力了？"他问道。

"嗯。"我说。

"你正在应对外界的期望，我也一样。"

他说他能看出我在场上想得太多，的确如此。他向我敞开心扉，说他刚进联盟的时候也有过类似的感觉，当你为了热爱的事业全力以赴时，确实很容易被批评的声音扰乱心神，满脑子都是别人的指指点点。

他告诫我："按你自己的方式打球就好。"

蒙塔没必要为我做这些，没人有义务做这些。我敢肯定，他之所以还是这么做了，部分原因是他知道球队要想在今年有所突破，就需要我打出更好的表现。如今球队的后场重任落在我俩肩上，球队的变化已经被他看在眼底。他刚进队时还是"我们相信"时代的一位新人，如今那些队友都各奔东西，他也成了老将——尽管他尚未年满25岁，但已经在联盟打了6个赛季。

他年纪轻轻，却已开始承担老将的责任。我也看到了他的成长，我俩关系的基调开始发生变化。那番简短的对话帮我走出了低谷。

我以前从没带伤作战过。大三那年的情人节当天，我们学校对阵弗曼大学，下半场还剩 10 分钟时，我在比赛中扭伤了左脚踝。我之所以对这场比赛记忆犹新，是因为我的女朋友阿耶莎来到南卡罗来纳看我比赛。她就坐在看台上，手里拿着两块标语牌，一块写着"库里加油"，另一块写着"做我的情人"。21 岁那年，我们正处于约会期，我会下厨给她烤制冷冻的"红男爵"比萨，特别的夜晚还会去附近的澳拜客牛排馆。我们依然记得彼此的点餐习惯：我点恺撒沙拉和牛排，她点椰子虾。

那个情人节是阿耶莎第一次来现场看我打球。她的到来，让那场比赛成了我整个赛季最喜欢的胜利之一，即便我扭伤了脚踝。不过那次伤势不重，我只缺席了一场比赛，紧接着的周六夜就宣告复出。

但在职业赛场第二年，也就是情人节那次脚踝扭伤的一年半之后，我的右脚踝反复扭伤。记得最清楚的一次是在 2010 年 12 月 8 日，我们对阵圣安东尼奥马刺队，我在场上正打得风生水起。接到一个快攻传球，转身准备向前冲，结果扭伤了脚踝。完全是自己扭伤的，没有碰到任何人。

我见过球员落地时很不走运地踩在别人脚上，然后扭伤脚踝，但这次我身边根本没人。那时我意识到自己可能真遇上大麻烦了。在新秀赛季，我要问自己的问题是：我是否足够优秀到能在联盟立足？到了现在，我要问自己的问题变成了：**我是否足够健康到能上场打球？**

忍受伤病过程中的精神疲劳是全新的挑战：受伤、手术、复健、再次受伤……周而复始，整整持续了 18 个月。

时至今日，我很感谢当年的那段试炼，也很庆幸经历这一切的时候我还年轻、单纯。那段时间我格外专注，所做的一切都是为了能够尽快康复。我只想能重回球场，这样才有机会成为我希望成为的球员。

新秀：初试锋芒

2011 年 5 月我接受了第一次脚踝手术。
7 月 1 日，球员工会和球队老板长达两年的谈判宣告破裂，NBA 开始停摆。老板们要求削减现存和未来合同的价值，还要设立硬工资帽。球员工会不同意妥协，老板们就实施了停摆，球员被禁止出入球队的训练场地，也不能在工作人员陪同下进行任何训练。我们当时都不知道，训练营会一直推迟到 12 月才开营。7 月 30 日，阿耶莎和我在 9 年前相识的那个夏洛特教堂成婚。我们在夏洛特买了套离我父母很近的房子来成家。

手术后的养伤期间，我不知道该怎么打发空闲时间。我的生活一直很简单，核心始终都是旅行、比赛以及重中之重的训练——训练前的例行热身，训练，训练后的拉伸恢复。

在这一切变化中，**我一度迷失了方向，**但我的耐心即将得到回报。

克莱·汤普森第一次走进勇士队更衣室时，他径直坐下，双脚搭在储物柜隔板上，展开一份报纸，旁若无人地读了起来。那是在 12 月，停摆宣告结束，我们即将开启 2011/2012 赛季。克莱在首轮第 11 顺位被选中，像我一样，他也是在父亲征战 NBA 的影响下长大。但和我不同的是，在职业生涯第一场比赛开打前的一个半小时左右，他看起来非常淡定，气定神闲。

经历了连续两个动荡不定的赛季后，这一赛季有点焕然一新的感觉。克莱，还有我们的新主教练马克·杰克逊，都是球队文化变革中的一部分。现在每个人都可以毫无保留地展现出真实自我，每一种个性都能自在呈现。

球员、教练、文化，球队的每一块拼图都开始磨合得更好了。更重要的是，即使有些方面还没能严丝合缝地对齐，我能感觉到**大家都在为同一个目标而积极探索**。

球队即将踏上怎样的征程，我们当时还一无所知。

2012 年 3 月 13 日，两辆球队大巴驶向萨克拉门托，我坐在第一辆里。大巴抵达球馆，球员们纷纷前往客队更衣室进行赛前准备。我虽随队来到客场，但没有换上比赛服，因为右脚踝又受伤了。两天前，在对阵快船队的比赛中，我勉强上场打了 10 分钟，又感觉到了那熟悉的疼痛感。

更衣室里一片寂静，气氛甚至有点凝重。这并不是因为我们战绩糟糕——我们觉得还有足够的时间去冲击季后赛——而是距离交易截止日只剩 48 小时了。这个最后的窗口期总是让球员们坐立难安，但今天的气氛似乎比以往更糟。"到底怎么回事？"我心里想着。

我抬头看了看更衣室里正在播放节目的电视。屏幕下方有一条滚动新闻："突发消息：勇士队用蒙塔·艾利斯、埃克佩·乌多和夸梅·布朗换来安德鲁·博格特。"

就在这时，蒙塔从第二辆大巴车来到更衣室，刚和他的经纪人通完电话。他对这个消息应对得很得体，看得出来很受伤，但依然镇定自若。我们在震惊中匆匆道别，三名被交易的球员随即离开。

紧接着，杰克逊教练把我叫出了更衣室。他跟我差不多高，可能稍微矮那么一点，总是习惯在谈话时把手搭在球员肩上，拉近彼此距离，仿佛这么做就能弥补身高上的差距。

"嘿，我得让你知道，"他轻声说，音量低到只有我能听见，"他们原本想把你也放到交易名单里。"

他们？哪个他们？是雄鹿队还是勇士队？

杰克逊教练没等我发问就继续说道："不管怎样，交易没那么进行。"

他停顿片刻，搭在我肩上的手加重了力道："我出面干预了。我告诉他们，我要把球队交到你手里。我真心相信你。我们要做的只是让你保持健康。"

我点点头："嗯。"

"这个赛季剩下的时间就是要让你恢复健康，然后球队就交给你了。"

我又点了点头。

"我说过，由你来掌舵，我们就能成为一支总冠军级别的球队。"他的声音更低了，"别让我成为江湖骗子。"

"球队就交给你了。"

我还没准备好接受这样的安排。

当自我提升的机会来临，你可能还没做好准备，但我的朋友兼安保尤瑟夫·赖特送我一句话，我越来越有共鸣：**"当学生准备好了，老师自会出现**。"老师不一定会改变你的为人或你做事的方式，但会帮你重新认识自己。或者他们只是简单地告诉你：是时候了。

他们可以为你勾勒愿景，但你必须自己采取行动。在那一刻，杰克逊教练为我勾勒出的愿景是这样的：我不仅能成为伟大的球员，还能成为称职的领袖。

我不仅是对"我要去领导球队"这个指令没做好准备，光是这个想法本身，就已经把我吓坏了。我当然有自信，但与此同时也保持着适度的不安全感。就好像有信仰不意味着毫无疑虑，有勇气不意味着毫无恐惧一样，有自信也不意味着完全不会不安。**真正的自信是既对愿景笃信不疑，又能保留适当的不安全感，这样才能提出问题**。它是看到可能性之后，在心头响起的一个声音："好吧，酷，但我们具体该怎么做呢？"

杰克逊教练是一位非凡的激励大师，拥有令人心悦诚服的魔力。在赛前的更衣室里，他像是牧师和故事大师的结合体，今天激励我们成为最好的自己，明天又用对手的挑衅（通常都是编造的）点燃我们的斗志。我们是一支努力寻找自我定位和信念的球队。他赋予我们的定位则是："在任何一场比赛中，我们都能够击败任何一支球队。"不是"将会"，而是"能够"。我们的确拥有赢球的天赋，如果我们中还有谁对此不太确定，杰克逊教练会给我们注入必胜的信心，让我们昂首出击，就好像胜利已是囊中之物。

第三个赛季，伤病依然困扰着我，只打了 26 场比赛，而且发现休赛期还需要再做一次手术，此时的我正需要这种信念。那个人手短缺的缩水赛季，我们最终只打出 23 胜 43 负的战绩，无缘季后赛。但我们已经开始做好"一投制胜"的准备，进入蓄势待发的状态。**只要机遇来临，我们已经有了足够信心来一鸣惊人。**

2012 年 4 月接受第二次脚踝手术时，医生告诉我有三种可能。如果运气好，他们只需要对我的右脚踝做一次清理，恢复期会很短，预计只需要三四个月；如果他们发现我需要接受完全重建的手术，预计需要 6 个月的恢复期，且康复效果难以预料；最坏的情况是需要更深入的治疗，甚至连何时能正常行走都不得而知，更别说打 NBA 比赛了。手术的时候，很多情况都无从预知。

但我始终保持信仰，信仰是我生命中的定海神针。不管把我安放在什么位置上，NBA 赛场也好，手术台也罢，都是让我有机会去帮助他人。我再次默念起《罗马书》第 8 章第 28 节，这段经文在我人生的每个阶段都给予我力量。

手术团队先把摄像头伸进我的脚踝，发现里面旧伤累累，软骨碎片散落在四处，但所幸没有结构性损伤。听医生解释说，他们能够把疤痕组织和游离的碎骨清理干净，我如释重负。这意味着我又能重返球场了。

那段时间很可怕，但也是一种恩赐。**恐惧本身也是一种馈赠，让你意识到自己为何心存感恩**。对我来说，感恩能拥有强大的支持体系，让我依然有能力去从事我热爱的事业。

康复训练是我有生以来做过的最艰难的事。如今人们都了解故事的走向，但在那个时候，我根本看不到隧道尽头的微光。我每天都去康复中心，字面意思上的"一步一步"努力。我感到自己完全与球队脱节了。那一刻我意识到，**与成为世界最佳球员的目标相比，我更希望的不过只是能继续打我热爱的比赛。**

这两次手术固然关键，但手术后的所作所为才真正改变了我的职业生涯。在康复过程中，我四处求教身体保养之道。在后来成为勇士队体能主管的凯克·莱尔斯指导下，**我领悟到"变强变壮"的真正意义。**不只是单纯地增肌，而是要重塑更高效的动作模式，强化核心力量。莱尔斯向我介绍了此前从未尝试过的身体训练方法，比如针对臀部的特定瑜伽姿势，以及针对臀肌的六角杠铃硬拉。我几乎像是修完了人体解剖学的学位，对全身上下每一块肌肉如何协同运作都了如指掌。对一切能让我变得更优秀、更强壮、更健康的全新训练方法，我来者不拒。既然伤病把我带到这个阶段，那就坦然接受现实。

如果这是我唯一能做的事，
那我就会去做。
我必须去做。

命运总会以奇妙的方式，把你安放在该在的地方，以此来揭示你需要做些什么。当时我并未意识到，即使在受伤期间，我也在学习如何领导全队，不是通过尚显笨拙的言辞，而是通过以身作则。我每天都努力让自己变得更好，这种日复一日的坚持，队友、教练、球迷乃至媒体，全都看在眼里，也由此建立起信任感。而信任正是领导力的基石。

历经失败与质疑，遭遇雪藏与复健，我都适得其所。

命运把你安放在该在的地方。能否把握住机会"一投制胜"，取决于你自己。

Leader
领袖

第二部分

Part 2

The Height of the Arc

登峰造极

作为球员，你的目标是让比赛变得尽可能简单。

为了解决问题，我开始扩大跑动范围，从更远的距离投三分球。有时候，在体育、商业、科技、政治等各个领域里，最重大的变革往往始于两个最简单的问题：为什么这件事如此之难？我该怎么做，才能让它变得更简单？

在进攻端，我需要解决的问题是对手的防守，解决方案就是空间。我的站位离篮筐越远，与防守者之间的空间就越大。空间越大，比赛就越简单。

这就是我的思考过程。我只是针对自己遇到的防守随机应变。篮球如此，生活亦然。你离竞争对手越远，他们就越难干扰你的出手。好，让我们开始投篮。

从那么远的距离大量出手投篮，确实需要一些勇气。但当球开始命中时，我告诉自己这不是运气。**我忍不住会想：再来一球。**

那时候，还没有人像我那样，把超远三分当作常规武器。我在 2012/2013 赛季投进全联盟最多的 272 记三分球，比前一个赛季的三分王多进了 106 球。这些三分球的平均出手距离比联盟其他球员远了一英尺左右。此后，这项数据还在逐年增长。

判断力——做出明智、理性决策所需的能力，是可以培养的。

我的大学教练鲍勃·麦基洛普给球队里每个人分配了不同的"投篮许可"。每个人都知道自己在球场的哪些位置可以出手投篮，因为教练用一对一的方式把话说得很明白。教练会跟两个他知道会瞎投一气的球员说，不允许他们在三分弧顶出手。"你们在底角投三分，没问题。但如果在弧顶投三分，我马上把你们换下来。"我的"许可"是可以在球场任意位置出手，但关键是，我必须去赢得这项特权，而且这项特权也随时可能被收回。

大学时期，教练可以对球员做更多的"微观管理"。麦基洛普教练对我们的投篮选择提出了更高要求，让我愈发理解了什么才是好的投篮出手选择。到了 NBA 和勇士队后，杰克逊教练对我反常规的投篮选择照单全收，我们甚至不需要为此进行正式的讨论。也没有任何人来监督我，因为我不需要别人监督。杰克逊教练信任我，因为他知道我投的都是已经练习过成千上万次的球。当投篮命中的火苗开始燃烧，他也不想上去泼冷水。

哪怕是在中圈位置投超远三分，我的投篮机制也跟在禁区内出手时完全一样。如果你在篮筐正前方都不能投得尽善尽美，自然更不可能在三分线外投得得心应手。

你需要在确保投篮机制正确的前提下增加射程，而不是反其道而行之。

随着我在三分球出手数量和效率上的不断提升，其他球员也开始亦步亦趋，改变打法，这股风潮甚至扩散到了 NBA 世界之外。9 岁的孩子一进球馆就开始在 40 英尺（约 12 米）外投三分，一边"打铁"还一边大喊着"库里"。（顺便说一句，别再 @ 我去看那些惨不忍睹的疯狂远投视频片段了，我可没让他们这么投。）有人把他们称作"库里一代"，我不太喜欢这个说法。我在训练营见到这样的孩子时，从一开始就会告诉他们："**这是个过程。结果是美好的，但要从禁区之内起步。**"

你不可能一觉醒来就变成了领导者，球队也不可能往哪个球馆随便练一回就打出冠军表现。你需要日拱一卒，耐心成长。

当我在勇士队的第四个赛季拉开帷幕，整支球队都处在疯狂学习的阶段：我们第一次打出有含金量的比赛，在实战中加深对彼此的了解。

我们充满饥饿感。尽管球队战绩依然处于中游，但时不时，我也听到评论员说我们有能力赢得总冠军，而且不是以开玩笑的口吻。当时全队上下没人曾经赢得过什么，所以只是听到有人这么说，都能让我们心潮澎湃。我能看到有个全新的机会摆在球队面前，身后又有一位能力非凡、极其擅长为球队注入信心的主教练，万事俱备。

当你成长
积极拥抱那些
的队友

As you evolve, be open to teamn

进化时，
同样向上生长
和伙伴。

s and partners doing the same.

克莱和我在训练中针锋相对，彼此都使出浑身解数——我们都热爱投篮，也都很珍惜能有投篮的机会。他整个新秀赛季都在努力争取上场时间，而我需要奋力对抗的是伤病。

如果我要从零开始教一个人打篮球，像是用黏土造人一样（并非有意双关）〔注：此处的 clay（黏土）与 Klay（克莱）同音〕，我会教他们克莱·汤普森的投篮手型，并且告诫他们："你就该这么投。"**因为从身体结构上看，克莱的投篮完美无缺。**身体完全对齐，出手点很高且稍微偏向一侧，以便他能看到篮筐。

尽管克莱的投篮手型堪称完美，但如果我试着像他那样投篮，肯定会投丢。对我的身体结构来说，他的投篮方式有点过于教条了。我的风格更随性，甚至双脚的指向都比标准姿势更偏左一点。从观感角度看，我的投篮姿势也没有克莱那么漂亮。

考虑到克莱本人的性格一点都不刻板，他采用如此规矩的投篮姿势就显得更有趣了。跟他在一起打球，对我是一种不断的提醒：比赛就应该充满乐趣。

前几天有个新秀问我："嘿，你对球场上的垃圾话怎么看？"

我思索片刻，回答说："对我来说，没必要把这当作一种竞争手段。但如果说得很妙，我会觉得挺有意思。"

在球场上，如果你冲我说了点什么，我肯定会回敬你点什么。你能从我夸张搞笑的表情或者脸上的微笑看出来，我在唇枪舌剑中自得其乐，这种松弛感其实比大吵大闹更有杀伤力。然后我再加个抖肩动作，会让他们更加气急败坏。

要随时准备应对球场上的不尊重。要照单全收，完成反转，把这当作一种赞美。**他们之所以对你百般刁难，是因为把你当作巨大威胁。**

我喜欢用"反转"的方法待人处事并从中获益。我曾听说有一位僧人，每当他听到警笛响起，就提醒自己去呼吸和冥想。不尊重你的那些家伙就是警笛声。深呼吸，心里要清楚，你已经占据上风。

207

打造冠军阵容的配方是什么？

把数据统计表扔到一边。要组建一支冠军球队，你需要找到那些无法用数据衡量其贡献的队友。我说的是这样一类球员，在数据表上的体现是上场 15 分钟，得到 2 分、5 个篮板或许还有 1 次助攻，但你看了比赛就知道，他在球场上无所不在。比赛能量、战术组织、篮球智商，这些因素才使得一名球员在冠军球队里不可或缺。

如果没人指出来，普通球迷可能看不到这些，但其他球员能够看得清清楚楚。如果你是球队领袖，你会希望这样的球员跟你并肩作战，而不是与你为敌。

挑选商业合作伙伴时，如果对方与你太过相似，你必须小心谨慎——双方的"技能包"过于重叠，只会有百害而无一利。在篮球领域打造冠军级别的球队文化也是如此。如果由两个"斯蒂芬·库里"来领导球队，两个在领袖风格上都是低调沉稳，冷静坚忍的球员，更衣室里就会太过安静，缺少那种能激励球队走向卓越的活力。有时你需要沉着、坚定、安静的领导力，有时也需要有人来"把水搅浑"。幸运的是，我们找到了最适合这个角色的人。

当然，我说的就是"追梦"德雷蒙德·格林。他是我们在 2012 年 NBA 选秀大会上的意外收获，第二轮总第三十五顺位才被选中，一经加盟就改变了球队。单看数据统计，你不一定能察觉到他的天赋，但如果你试图对他有所考验，他每一次都能顺利通过。他总能打出制胜表现，每个回合都是如此。

人们总说我和德雷蒙德之间"心有灵犀"，我们都能提前两步预判对方的行动。这种默契当然需要一定时间慢慢培养，但说老实话，几乎从一开始，我们在无球配合方面就有很好的化学反应。随后，我们逐年建立起信任，彼此间的合作越发加深，开始大胆实验新打法。渐渐地，我们意识到让我和克莱打无球，让德雷蒙德去控球时，球队的运转最为顺畅。极少有像德雷蒙德这样的前锋球员来扮演控球角色，但凭借他的冲劲、球商以及我们日益增长的默契，全队在进攻端的创造力被完全释放。这种做法有点"反传统"，但我们都知道，只要把球交给德雷蒙德，他就会做出正确的战术处理。

现在我们有了三个关键拼图：我、克莱，还有德雷蒙德。我们都还年轻，都还在竭力探索可能性。当时我们知道自己在创建"王朝"吗？呃，不知道。当时我们还在为跻身战绩排行榜中游而挣扎，当然不可能用"王朝"这种说法来称呼自己。

但有一场比赛意义非凡。

那是在 2012 年 12 月 12 日的迈阿密，正是"热火三巨头"的时代——勒布朗·詹姆斯、德维恩·韦德和克里斯·波什。他们是上赛季冠军。

终场前 12 秒双方打平，我们叫了暂停。杰克逊教练没有为任何特定球员制订最后一投的战术，而是让我们随机应变，看看谁有空位，然后做出最正确的选择。在其他球队，我和克莱大概率是执行最后一投的不二人选，哪怕我们不得不强行出手。但勇士队截然不同。最后一攻时，贾瑞特·杰克在弧顶运球，正当要起身投篮时，他发现德雷蒙德在篮下有大空当。德雷蒙德完成上篮绝杀，比赛只剩下不到 1 秒。

最近我们一起回看了那个片段，有点好笑的是，比起比赛本身，我们更关注德雷蒙德上篮得手后，场上所有人的反应。每个人都在疯狂庆祝，好像我们刚刚赢下了总决赛抢七大战。

那场比赛改变了我们。当然，我们以前也赢过比赛，可这是对联盟最好的球队，对上赛季冠军的胜利。现在我们向世人展示了自己的能力，就像杰克逊教练承诺的，在任何一场比赛中，我们都能够击败任何一支球队。此后，每一场比赛我们都会像这样全力以赴。

另一个特别的夜晚即将到来。

2013 年 2 月 27 日，在麦迪逊广场花园对阵尼克斯队。

比赛刚打到第二节中段，我就知道这场比赛会很特别。我已经一口气连得 15 分，然后在转换进攻中拔起强投三分。这是一次"手感测试"投篮，比平常的出手更狂野、更冒险，但当你状态火热，觉得自己每次出手都能命中，你就想这样测试一下自己的手感到底有多么滚烫。球进了。

遗憾的是，那场比赛我们输了，但杰克逊教练让我打满了 48 分钟，我砍下 54 分，创下个人职业生涯新高。我只是开心我的双腿撑住了。在那之前，只要提到我，话题总会落在我频繁的伤病史和瘦弱的身板上。

多丽丝·伯克（第一位在电视台和电台解说尼克斯队比赛的女性）说出了这番话："身高只有 6 英尺 3 英寸（约 1.91 米），体重仅有 185 磅（约 84 千克），无数人质疑他能否在联盟打出高效表现，现在他已经打消了所有人的疑虑。"

那场比赛改变了媒体叙事。人们再也不能不把我当回事了。问题已被回答，我的实力已被证明。

事后，有人问我比赛时在想些什么，这时我才意识到，在创下生涯得分新高的这个夜晚，我完全做到了心无旁骛：投篮成了最不需要意识的本能反应。身体被赛场喧嚣包围，但内心平静如水。

随着比赛的结束，外界的喧嚣又卷土重来。我开始想到那份在麦迪逊广场花园砍下 50+ 的伟大球员名单：乔丹、詹姆斯、科比、1984 年圣诞大战中的伯纳德·金，等等，忍不住心神荡漾。比赛结束了，现在，我可以好好回味这个夜晚有多么特别了。

领袖：登峰造极

2013 年，我们终于打进了季后赛，这是勇士队自 2007 年以来首次重返季后赛。凭借 47 胜 35 负的战绩，我们在西部位居第六，首轮对手是 3 号种子丹佛掘金队。我们输掉了第一场，但赢下了第二场。就在那场比赛之后，杰克逊教练向媒体抛出一句话，结果一石激起千层浪，引发了无数的讨论和反驳。他是这么说的："在我看来，克莱·汤普森和斯蒂芬·库里是篮球历史上最伟大的后场投射组合。"

记者们向他列举了 100 万个名字，试图让他改口，但他坚持己见，还补充道："不信就走着瞧。"

在内心深处，我可能也觉得克莱和我正在做一些很特别的事情，但其他人都在嘲笑我们的时候，听到有人说他对我们深信不疑，表达方式还如此高调，感受当然尤为深刻。克莱和我决不会说这样的话，但杰克逊教练愿意押上自己的声誉来力挺我们，这让我们也在心里暗自思忖：嗯，也许我们确实如教练所说。

"不信就走着瞧。"**当有人像这样力挺你，压力会成为强大的动力，你会迫切希望证明他是对的，**甚至比证明其他人错了的欲望更强烈。我们决心绝不辜负他的期望。

当我投出一记远投，百分之百确信必进无疑时，偶尔会在球还在空中飞行的时候就转身跑向球场另一侧。这被称为"不看球三分"。我第一次这么做，是在 2013 年对阵丹佛掘金队的首轮季后赛第四战。比赛在甲骨文球馆举行。第三节打到一半，我状态极佳、左右开弓，6 分半钟内砍下 22 分。

那一节投进的第一球来自底角的空位三分，位置就在掘金队替补席正前方。你可以想想我身后的那些垃圾话有多难听。好吧，也许你很难感同身受，但那些话确实很伤人。

而在起身投篮的那一刻，这些垃圾话反倒给我提供了额外的动力。出手，球离开指尖，我心想着，之前投篮时还从未有过这样的感觉。

这球肯定能进，我一点儿都不担心。

球甚至还没达到弧线的最高点，我就转身往后场跑。我压根不需要去看球是否进筐。转身时，我扫视着掘金队替补席上的那些球员。然后继续跑动，在球最终应声落网时，我已经回到防守位置。

有人曾经问我："你怎么知道球到底进了没进？"

答案对我来说显而易见。我的回答是"听现场观众的反应"。

我也有过"不看球三分"投丢的时候，类似的情况也会发生在你身上。你是如此自信满满，坚信自己已经搞定，无论是在球场上，还是在生活中，以至于当你发现自己投丢的时候，你已经投入下一件事了。

即便如此，这也是好事。你已经行动起来了，下一球一定会进。

之所以对"不看球三分"情有独钟，有一个原因是我背对结果的姿态被解读得相当准确：这是绝对自信的自然流露，而非对结果的漠不关心。相信我，我在等着听现场观众的反应。

若想成就伟大，决不能自我怀疑。无论你在追求什么，都要让内心充满积极想法，坚信目标终会实现。**信任你的投入，相信你的能力——**这些你可以掌控的事情——你的信心会给自己带来巨大优势。

作为一支球队，必须努力工作才能配得上球队的球迷。
那时，我对甲骨文球馆和"勇士国度"球迷们的热情还一
无所知。

OURKING REIGNS 3's

直到我们打进了季后赛。每个主场比赛开赛前 20 分钟，
球迷们还在陆续进场，看台上只坐满四分之三观众的时
候，为勇士队加油助威的欢呼声就已经响彻球馆了。

无意冒犯其他球迷群体，但勇士队球迷在加油助威的艺术上已经登峰造
极，简直无与伦比。

一切都始于他们对比赛节奏的理解。他们很早就定下基调，甚至早于比
赛开始之前，所以对手一踏进球馆就能感受到什么叫"主场氛围"。身为
球员，你可不希望主场观众一直默默等待，直到场上有事发生才做出反
应。"勇士国度"的球迷们从一开始就会刻意营造出热烈氛围。

接下来，在关键时刻和精彩进球后，他们会爆发出山呼海啸般的欢呼声，
但球迷和球队之间的深厚联系还不仅如此。有时你会连续三个回合颗粒
无收，感到有些沮丧和受挫。一声哨响，也许是个暂停，或者是死球时
刻。球迷们会瞬间秒懂。你能感觉到他们共同思考着同一件事：好吧，
我们需要些活力，不应该像现在这样。

他们会站起身来，让你知道他们与你同在。这不只是一座喧闹的球馆在
对精彩表现做出回应，而是在球队最需要的时候，所有主场球迷都为球
队挺身而出，给我们注入力量。我希望每一位球员都能有此福分，但不
是谁都拥有"勇士国度"这样的球迷。他们是我们最终极的主场优势。

那是我打过的第一个季后赛系列赛，也是我第一次真切感受到，现场的
每一位球迷都在助推球队飞得更高。

我们 4 比 2 淘汰了掘金队，接下来将迎战马刺队。他们是争冠大热门，我们被好好上了一课。系列赛首战，我们在第四节一度领先 17 分，最终却惨遭逆转。比赛只剩 3 秒时，我们还以 127 比 126 领先一分。就在那时，马努·吉诺比利完成了对我们的绝杀，真正的致命一击。

对我来说，失败是人生中最痛苦的体验。我能克服它，从中吸取教训，继续前进，但在失败那一刻，它会把我推向黑暗的深渊。更糟的是，我们确信自己已经在那个赛季取得突破，但依然得不到外界认可。对很多 NBA 专家来说，把勇士队看作争冠球队的观点依然显得荒诞不经。

但那轮系列赛我们展示了自己的实力。当我走出失败的阴霾，我清楚地意识到：**我们会以此为基础继续进步**，我们会卷土重来。

真正的领袖会把尽可能多的功劳归于球队。在这个世界上，没有哪项伟大的成就可以靠你一个人独自完成。队友就是你的"股票合伙人"，每个人都必须押上全部，大家才能共享收益。

2013 年 7 月 30 日，我的结婚两周年纪念日，在坦桑尼亚的尼亚鲁古苏难民营度过。当时我在东非参与"有蚊帐、无疟疾"项目，该项目由联合国基金会发起，旨在遏制疟疾——导致撒哈拉以南非洲儿童早夭的罪魁祸首。经证实，蚊帐可将感染疟疾的风险降低90%。所以在 2012/2013 赛季，我发起了"以三换三"挑战，每投进一记三分球就捐赠三顶救生蚊帐。

那一年，我以 272 记三分球创造了单赛季三分球命中数的新历史纪录。成功本身当然也是一种动力，但**我所有最有意义的成就，动力更多来自为超越自身的目标而努力。**

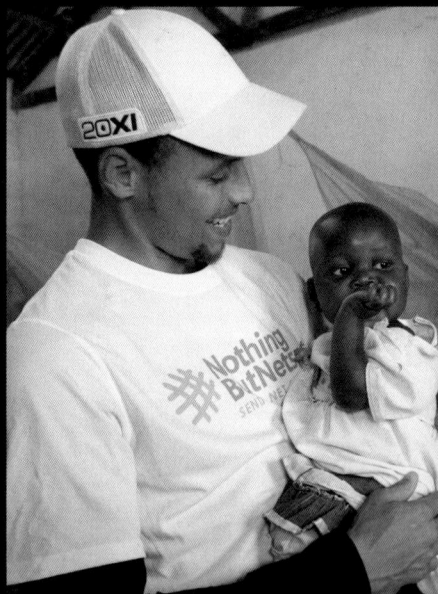

当时，我与阿耶莎相隔千里，我试着用卫星电话告诉她自己所见到的一切。资料显示，这里有 6 万名背井离乡的刚果难民。作为刚迎来第一个女儿莱莉不久（刚满一岁）的新手爸爸，我在这里看到了太多的爸爸和妈妈痛失爱子或爱女，无法保护他们免受疟疾侵害，我只能把这些都讲给阿耶莎听。几乎每一位与我交谈过的家长都说，他们的孩子有过感染疟疾的经历，有些甚至因此在两岁前（疟疾最致命的年龄段）就夭折了。

我走过产科病房，看到妈妈们在照顾患有疟疾的婴儿。那些天真无辜的婴儿们，在妈妈怀中睁大双眼，无助地忍受着疾病的折磨。我的目光落在墙上的一张海报上，上面列举着医生正在应对的疾病统计数据，以及过去 6 个月内难民营中的死亡儿童数量。那个数字在我心中成为一个目标，我知道我们可以降低这个数字。

病房外面，有些孩子对篮球略知一二，其中有个孩子用白线在红土上画了一块球场，旁边是别人带来的篮筐。这让我想起多伦多的中学，夏洛特的基督教青年会，以及在勇士队训练营的头几天。我又一次通过打篮球去探索新环境，与陌生人建立情感纽带。我给了孩子们一些指导，做了三分球投篮示范，但最高光的时刻——我原本以为会很拉风——是我完成了一次扣篮。这如果发生在甲骨文球馆，现场早就该陷入疯狂了，上赛季我总共可能也就扣过三次篮。也许吧。但在这里，没有任何人鼓掌。

"他们不知道这对我来说有多难。"我开玩笑说。

民权运动领袖布莱恩·史蒂文森说过，要改变什么，你就必须离得更近一些，一旦你真的靠近了，你就能改变世界。我在自己的篮球生涯里也有同样的感悟：数据统计能告诉你的，远不如近距离观察队友，看他们如何跑动，如何思考，如何应对压力，快乐源泉是什么。在难民营的经历也让我明白，任何数据统计都无法告诉我疟疾对活生生的生命（那些婴儿、妈妈和爸爸们）意味着什么。就像我从父母那里学到的，体育是一种可以超越差异的语言。所以即使在难民营里，我也能与周围的人建立联系，把他们每个人的独特故事带回家。

这次经历让我深受触动，我比以往任何时候都更有动力去尽我所能。当时，我还只是个刚在 NBA 打了四个赛季的年轻人，但在离开坦桑尼亚时，我开始有了一种更强烈的信念感：我必须让自己的人生和领导力变得更有价值。

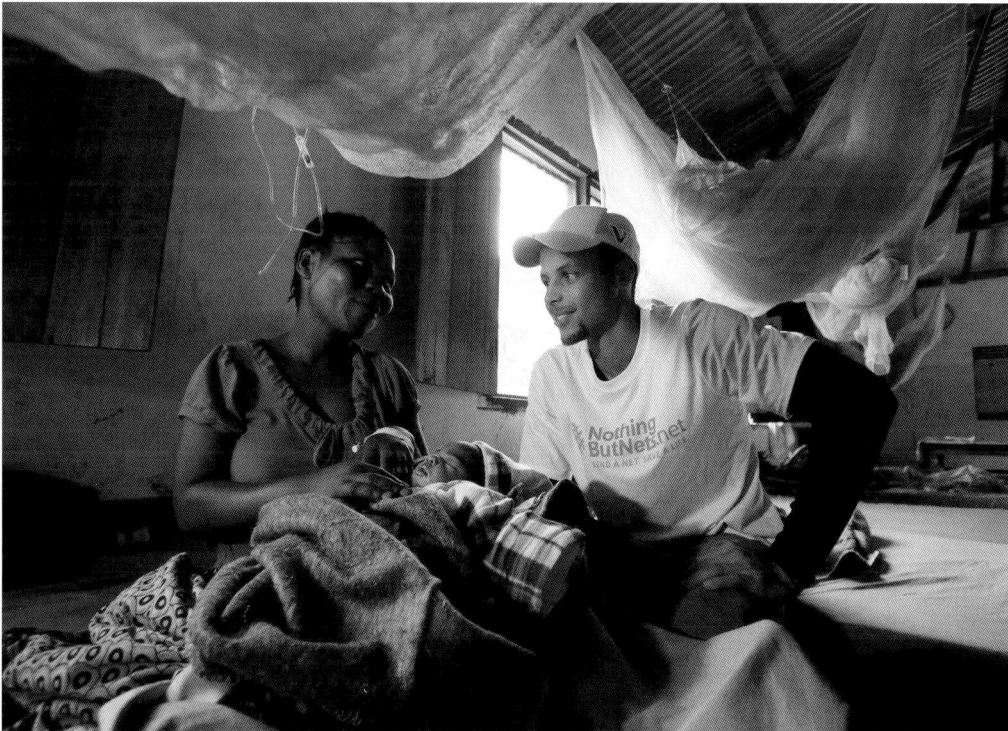

2013 年，安德烈·伊戈达拉从掘金队加盟我们。他来之前，我听说 2011 年联盟停摆期间，他曾贴身跟随一位风险投资家学习投资，这让我对新队友的行事风格有了些概念。如有需要，安德烈也能跟你谈笑风生，但多数时间他都意不在此。很快，更衣室里的讨论主题就为之一变，他不是谈论有潜力的初创公司，就是分析《华尔街日报》上的大公司损益表。

安德烈让我们第一次意识到，我们在"硅谷后院"打球究竟意味着什么。 那些顶级的风险投资家、科技公司的首席执行官、杰出的企业家和计算机科学家们就坐在场边，看我们比赛。作为职业运动员，我们处在一个相当难得的位置——我们不必只是被动等待屈指可数的几个商业代言合同，我们可以通过与他们交流，了解风投领域的机会。那些真正改善生活的科技，以及致力于真正公平与机会的公司，他们都以激励人们并为下一代创造更多机会为终极目标，这一切都深深吸引了我。

赛后，我们在甲骨文球馆秘密会面。主客队更衣室之间有条走廊，走廊尽头有一些备用更衣室，以往总是空置，今天这里迎来了用武之地。我们队的代表是我和德雷蒙德，快船队的代表则是克里斯·保罗、布雷克·格里芬和德安德烈·乔丹。这是在 2013/2014 季后赛的第四场比赛之后。就在前一天，快船队老板唐纳德·斯特林的一段秘密录音被暴光，他被"实锤"了是一名种族主义者。

整个周末我们一直在相互发短信，商定在甲骨文球馆里找个地方碰面，共同商讨应对措施。快船队已经在第四战赛前将热身服反穿，以此来表达无声抗议。在等待联盟公布对斯特林的调查结果的同时，我们也想对快船队球员们表示支持。当时，NBA 前任总裁大卫·斯特恩刚刚结束了长达 30 年的任期，新掌门人亚当·萧华走马上任仅仅两个月时间。我们在更衣室里达成共识，如果萧华对斯特林的处罚力度与后者的罪行不相匹配，我们就必须果断采取行动。

"要是那晚我们直接离开球场会怎样？"有人说，"要是跳球的时候，我们都相互握手，然后离开球场，结果会怎样？"

这句话好像在空中悬停了一会儿，我们都在掂量着事态的严重性。在季后赛如此关键的节骨眼上，快船队原本就承受着巨大压力，又突然被卷入这场风波。对克里斯·保罗来说更为艰难，他不仅是自己球队的领袖，还是球员工会主席。但他的首要身份是一名队友，他选择与球队其他人一起承担责任，共同决定将如何进退，因为这就是他们的本色。以职业的态度捍卫尊严，希望能正确行事，对权力进行问责。这一切发生时，他们还要全力备战与我们的系列赛。

同样，在斯特林事件的处理上，我们希望成为快船队的盟友，可是，一旦走上球场，我们依然还是无情的竞争对手。

在洛杉矶打响第五战的那天早上，我们一边进行投篮训练，一边还在继续讨论。我们都拿出手机，等待联盟召开新闻发布会。最终，亚当·萧华走上讲台，宣布对斯特林处以终身禁赛。他被禁止参与 NBA 的任何事务，甚至不被允许去现场观赛。这正是我们期待的结果，作为勇士队球员，我们会尊重快船队的选择，由他们自己做出判断，作为一个球队该何去何从。从金州返回洛杉矶后，快船队球员们也不确定将面临什么情况。他们觉得应该正常比赛，因为这是他们欠球迷的，所以就像克里斯·保罗说的那样，我们都"回归篮球，做我们热爱的事"。

然而……

我时常回想起那一刻，希望我们当时选择了退赛。保罗至今还会和我讨论这件事。我们所有人都会。我们不知道真要退赛会引发什么结果，但如果真的退赛，我们本可以利用那个时机，改变人们对运动员群体的看法。这将会是一个明确声明：我们不会为了 NBA 的商业利益，或者自身的商业利益，而去容忍种族不公行为。

说到底，我也不确定，那么做真的会有所不同吗，还是反倒惩罚了无辜的球员和球迷呢？会不会因为球员退赛，球迷也无法观看热爱的比赛，反而让我们这些人成了受害者？

这件事在后续几年产生了涟漪效应，持续鼓励球员群体为自己发声维权。但我把那些秘密会议视为一个特殊时刻，这彰显了球员之间的特殊情谊，以及我们对比赛共同的热爱和尊重。我们是不共戴天的死敌，快船队在抢七大战获胜后大肆庆祝，还引发了跟我们之间的激烈冲突。但我们也是这项运动的领导者和守护者，就如何应对这种局势进行了开放而合作的交流。

从 2014 年那一拨球员的角度看，杰克逊教练在重塑球队文化，推动我们持续进步等方面的成就有目共睹。但他与管理层之间一直龃龉不断。到了 5 月，季后赛结束几天后，勇士队解雇了他。

鲍勃·迈尔斯刚刚成为球队总经理，他亲自来到我家，告诉我杰克逊被解雇的消息。他很喜欢讲这个故事，说这是他总经理生涯最忐忑的时刻。

我家车库通向家里的球场，我们就站在车库旁交谈。我很生气。

可我还是听他说。他阐述了自己的理由，我也对他直言不讳："我不喜欢这个决定，因为我爱杰克逊教练。"但作为球队领袖，我得从更宏大的愿景去考虑。

"我理解你为什么这么做，"我说，"如果你要解雇他，最好做出正确的选择。"我就说了这些，他明白我的意思：**下一任主教练必须非常出色**。

史蒂夫·科尔是五届总冠军成员（公牛时期在乔丹身边拿到三冠，马刺时期再添两冠），退役后先成为解说员，随后去了菲尼克斯太阳队担任总经理。据说他原本计划在纽约尼克斯队开启自己的执教生涯，但合约尚未敲定。勇士队主教练的职位一有空缺，他就前来面谈，很快就意识到我们在一起能成就一番大事业。

新主教练走马上任，一开始的气氛总难免有点尴尬。我们已经为成为争冠球队付出了卓绝努力，作为球员，同时也是球队领袖，我对此感到自豪。这个突然从天而降，试图扮演英雄角色，好像是他让我们变得伟大一样的家伙到底是谁？

然而，科尔教练在第一次见面时就展现出真诚和谦逊。"我不想到这儿来重新'造轮子'，"他说，"基于我们现有的能力，只需要对球队的进攻战术稍做微调，我们就能够赢得总冠军。"

作为教练，他清楚自己能带来的价值，也承认球队原本就具备赢球的实力。当时我们正需要听到这样的话。

这番话让我卸下了防备。事后来看，这是很高明的领导技巧。好吧，我想，让我们试试看。

当人们谈论科尔教练和我的关系时，2015年3月8日对阵快船队的那场比赛总会被频繁提起。

我的好朋友埃克佩·乌多那年正在快船队打球。赛前热身时，我俩有机会短暂交流。那段时间我正好状态火热，所以在比赛开始前，埃克佩朝我大喊："嘿，别搞什么疯狂的事。"

这是个挑战。

第三节还剩9分钟。我瞥见埃克佩坐在替补席上。我接过安德鲁·博格特的传球，带球直杀禁区。我做了几个交叉步变向突破，摆脱掉防守我的马特·巴恩斯，来了招背后接胯下运球，拉回到三分弧顶之外，跟斯宾塞·霍伊斯和德安德烈·乔丹拉开点距离。克里斯·保罗紧逼上来，撞到我的大腿，我心想着，他要断球了，他从我手上抢断过好多次了，但我一个闪身，他伸手掏了个空。整套动作过后，球非但没被掏走，反倒又回到我手中，这让我多少有点惊讶，于是乘胜追击，顺势起跳投出一记后仰三分球。

就在我腾空而起时，余光注意到底角位置的德雷蒙德把手指向克莱，意思是右侧位置的克莱有大空位的机会。但我已经来不及传球了，投篮动作已经一气呵成。

球穿过篮网那一刻，科尔教练正双手抱头，对我居然选择投篮出手感到震惊。或许更让他震惊的是，我居然投进了。这成了后来所有人都津津乐道的时刻。

但当时我可没看教练——我的目光都在埃克佩身上。我刚起跳，他就双臂交叉，无精打采地瘫坐在替补席上，那神情仿佛在说：瞧，这个疯子又在干傻事了。

稍有不慎，我的"投篮许可"可能就要被教练收回了。但结果恰恰相反，他第一次做出表态，说自己不会去定义什么样的投篮是"糟糕的"。**这正是我和克莱所需要的——信任**。一旦我们得到足够信任，投篮的创造力和想象力就完全释放。我们可以重新定义什么是"好的投篮"。如今，这种进攻创造力已经彻底融入了球队基因。

241

手机收到一条短信，嗡嗡作响。我没看。

那是在 2014/2015 赛季季后赛对阵灰熊队的第三场比赛之后，我待在酒店房间里。系列赛的首战我们赢了，但之后却连输两场。一场在主场，另一场在孟菲斯客场。

又一条短信，我还是没看。那时，经历一场惨败后，我习惯直接去看比赛录像，用自省的方式搞清楚问题到底出在哪儿。然后才能为球队给出一些方向，提供一些领导力，告诉大家该做些什么。我担心如果一上来就发泄情绪，会在情绪平复之后难以收场。

"为了赢下比赛，我必须打得更好，尤其是在客场，"我在赛后的新闻发布会上是这么说的，"我对自己有很高要求，目前显然还没达标。"科尔教练说这是成功的必经之路。"在季后赛中，你会频繁看到球队经历这种局面，"他说，"这是解决问题的唯一办法，你必须经历今晚这样的输球阵痛。"

作为一个团队，那个赛季我们的进步肉眼可见，连那些曾经的质疑者们都不得不承认，我们有机会赢得总冠军。不管那些预测者怎么说，我们自己都能感觉到。我们在常规赛打出 67 胜 15 负的联盟最佳战绩，我也荣获职业生涯第一个常规赛 MVP（最有价值球员）称号。但季后赛一旦开打，这些荣誉都毫无意义。你实在太想赢得总冠军了——整个赛季都拼尽全力，只为了有机会圆梦，感觉到突破时刻近在眼前……

突然之间，我却在孟菲斯眼睁睁看着 19 分的领先优势不翼而飞。三分线外 10 次出手只命中 2 球。输一场，我还能说对手是侥幸得手，但连败两场呢？

我已经看过一遍比赛录像，回顾了每一个回合。现在，我在任天堂 64 游戏机上玩《马力欧网球》游戏。独自一人，与世隔绝，尝试让自己暂时"逃离"，不去想系列赛惨败出局的可能性。就在这时，有人在疯狂给我发消息。

是德雷蒙德。"嘿，出来，去蓝调城市咖啡馆，"他发短信说，"在那儿碰头。别找借口。"

借口？我心想。那家餐厅就在比尔街对面。"好，"我回复道，"10 分钟后见。"

我用帽衫上的兜帽遮住脸，朝餐厅走去。孟菲斯是个小城市，却相当喧闹。我很容易让自己融入比尔街的人山人海。

餐厅门口有个红色霓虹灯招牌对我表示欢迎，上面写着"厨房营业到深夜"。我走进房间，灯光亮得刺眼，顾客多得过分，到处是胶木桌和金属椅。德雷蒙德在后面的房间等着我，他已经给我点了杯啤酒，里面还有费斯图斯·艾泽利和大卫·李。"大家都慌了。"他说。我点点头，坐进那种老式高背卡座里，这样才能好好聊聊。对我们这些"将死之人"，人们刻意保持了一种礼貌的疏离。

我们四个简单聊了聊比赛，讨论哪些细节有可能改变结果。季后赛期间我一般从不喝酒，但那晚已经连喝三杯啤酒。距离突破如此之近，目标却如此可望而不可即，我们已经给自己施加了太多的焦虑和压力。聊到后来，我们都在一定程度上如释重负。"我们还没出局呢，"我们说，"我们知道自己有多棒，让我们杀回去，搞定一切。"

把我拽出房间，帮我清空大脑，德雷蒙德做了他一直在做的事情：想方设法让我获得大空位，给我创造投篮机会。

这样我才能汲取能量，不再自我设限，用我自己的方式来领导球队。稍做减压，让身心放松下来，第二天看录像和训练的时候才能畅所欲言，相信大家都能受到那份能量的感染。

因为我明白：如果我走进训练场的时候像个行尸走肉，思绪万千却一言不发，他们肯定觉得我在怀疑自己，进而全队都会开始自我怀疑。

那场失利转化成了周一的胜利。接下来我们又赢了两场，成功晋级西部决赛，对手是休斯敦火箭队。我们4比1击败了他们，迎来对阵骑士队的总决赛。那一晚曾有如世界末日，但事后回顾起来，我们会视其为走向伟大征程的起点。

身为领导者，你的本能可能是回避情绪，没有从球队普通一员的角度想问题。在场外，在家里，或者在商业领域，我的本能都是去解决问题。我总在寻求答案，但有时会忽略自身在当下的情绪需求。有的时候，**习惯以身作则的领导者，其实也要允许自己展现出人性脆弱的另一面。**

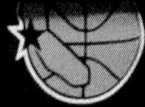

当谈到 2015 年那个冠军赛季和总决赛时，我能理解为什么人们最关注的是第六场比赛，因为我们在克利夫兰的那场比赛达成了夺冠伟业。当然，对勇士队来说那是个重大时刻。但在甲骨文主场进行的第五场比赛教会我们一个道理：唯有越过山丘，方知代价几何。

那场比赛之前，用我自己的标准来看，我有几场比赛打得不好，特别是在第一场获胜之后，第二场和第三场我都表现不佳。我们将总比分扳平为 2 比 2 之后，接下来的第五场是一场关键的转折之战。那场比赛我们主场作战，在动身赶往克利夫兰之前，我们必须锁定这场胜利。

比赛开打前，我告诫队友们，如果勒布朗·詹姆斯投进了球，不要气馁，因为他肯定会进球的。"坚持既定战术。"我说。面临重大时刻，有时情况会瞬息万变。你能感觉到机会正在从手中溜走，不要让它溜走。**宁可被对手生吞活夺，决不能自己拱手相让。**

领袖：登峰造极

我从没想过，赢得总冠军能给球队带来前所未有的自由感。赢下一个总冠军，就会渴望更多。背负着赢下首冠的压力，在 82 场常规赛里全神贯注，之后的季后赛里也全程紧绷——你必须一直埋头苦干。直到夺冠之后，你才终于又可以抬头展望，去感受最终胜利带来的欣喜若狂。

当一切结束，你获得了此前从未拥有的认知——夺冠到底有多难从此不再是个未知数。你认识到在整个赛季都必须全程保持专注。哪怕是在 12 月的某一场常规赛里表现松懈，结果都无法承受。你绝不会再那么做了。

这种认知是一种责任。你现在必须把它传递给那些因你的成功而加入球队的新人。你不能只给新秀们灌输信心，而必须让他们明白，**每一场比赛，每一个回合，每一次投篮，都至关重要**。

人们普遍认为夺冠需要一些运气相助，任何一支总冠军球队都概莫例外。他们不愿承认成功其实是主动选择的结果。没错，运气因素的确存在，但**首先你得让自己站到有利位置，这样幸运才能眷顾**。

我们即将迎来几近完美的 2015/2016 赛季。早在夏季休赛期，我们就开始为此付出不懈努力。当时联盟内外充斥着一种说法：我们上赛季的夺冠只是撞了大运。

"骑士队伤兵满营。"类似的论调铺天盖地。

这给了我们很大刺激。我们要用接下来的这个赛季去证明，上赛季的成功绝非偶然。"放手大干一场吧，"我一直把这句话挂在嘴边，"我们要每场必争。"全队信心十足，化学反应无与伦比。我们场上并肩作战，场下形影不离，**所有人为了共同的目标全力以赴**。

我们带着 24 战全胜的傲人战绩挺进 12 月。在这段不可思议的连胜里，每一场比赛都像总决赛一样热血沸腾，这种高强度的对抗反而让我们更加团结。然后我们来到密尔沃基，看到球馆里满是身穿"24 胜 1 负"T 恤的球迷，结果一语成谶，我们的 24 连胜被终结。

但我们依然还有一个目标要实现，它激励我们每一场比赛都打出巅峰水平，那就是超越芝加哥公牛队在 1995/1996 赛季创造的常规赛 72 胜 10 负战绩，一项已经保持了 20 年的骄人纪录。

"放手大干一场吧！"我说。

2016 年 2 月 27 日，周六夜黄金时段的重头戏，金州勇士队对阵俄克拉荷马城雷霆队。雷霆队是一支超级顽强的球队，当时正在与我们竞争西部榜首的位置。我们的战绩是 52 胜 5 负，之所以记这么清楚，是因为我刚刚查过。我的投篮手感比以往任何时候都更加滚烫，这场比赛将会成为精彩一周的最高潮。击败亚特兰大老鹰队之后的周二早上，我和安德烈·伊戈达拉实现了长久以来的梦想——第一次在奥古斯塔国家高尔夫俱乐部 (美国职业高尔夫球大师赛举办地) 挥杆比赛。随后，我们又先后击败了迈阿密热火队和奥兰多魔术队。

之后，队里开始讨论公牛队的纪录。这个目标真能被触及吗？我们能保持住节奏吗？

如果你只看对阵雷霆队的这场比赛的开场阶段，答案似乎是否定的。我们以 8 比 15 的比分落后，但我仍然觉得自己的投篮手感相当火热。

然后，下半场刚开打一分钟，拉塞尔·威斯布鲁克重重地踩到我的脚。我的左脚踝又扭伤了。

受伤的时候，你难免会情绪失控。一瞬间，我被拉回到早年间的旧日时光，无休无止的受伤和复健，认为我无法保持健康，成不了明星球员的老生常谈，这些痛苦经历全都"噩梦重现"。所有人都盯着地板上的我，神情好像都在说"又完了"，我感觉到一种无形的重量压到身上。又来了，每次伤到脚踝，当我感受到那再熟悉不过的疼痛感，恐惧就会袭上心头。所以，躺在球馆地板上的时候，我首先需要克服的是对站起来的恐惧，试着把身体重量放到受伤的脚上。当我终于站起身来，我意识到自己还能走动。虽然需要小心翼翼，但我还能走，这和过去有天壤之别。这就是我努力训练的成果。在无数次的康复治疗和身体训练的过程中，我都会告诫自己，伤病总会发生，在所难免。问题在于，当伤病真正发生，我的身体是否足够强大，让自己全身而退？这一次我做到了。

"好吧，"我说，"我需要重新包扎。"我一瘸一拐地走向更衣室，感觉众目睽睽下的自己像个濒死之人。但我还是硬撑着走到了更衣室。这次情况有所不同，我还能回去继续打比赛吗？即使身体允许，我也需要做好心理建设。

重新包扎后，我走出更衣室，坐在场边技术台前的地板上。不要椅子，就这么席地而坐，双腿伸开，在大脑中梳理着刚刚发生的一切。

我需要充分感受脚下的地板，让自己能镇定下来。我做了几次深呼吸，与疼痛进行了一番对话。痛感减轻了，正离我而去。好吧，我在心里默默说，让我杀回球场，完成未竟之事。

我砍下 31 分，其中三分球 11 投 8 中。终场前不到一分钟，我们还落后 5 分。此时，克莱在对方替补席前投中一记三分。然后我们完成一次抢断，安德烈被犯规，在终场前 0.7 秒两罚全中，了解他罚球命中率的人都知道这多么不容易。嗯，他必须挺身而出，保持冷静。他也确实做到了。

凯文·杜兰特的压哨勾手投篮未能命中，比赛进入加时。这只是一场赛季中期的常规赛，但双方打出了生死战的氛围。**正是这样的时刻让体育如此令人着迷**，整座球馆已经全场沸腾了。

球馆里的气氛已接近白热化。我在加时赛再进两记三分球，双方以118比118的比分又一次打平。此时，威斯布鲁克投篮不中，双方争抢篮板球，球落到我手中。毫无疑问，我满脑子都只想着投篮，问题是具体在哪个位置出手。我唯一的想法是要在防守者落位之前快速出手。安德烈·罗伯森试图上前封堵，我不能让他得逞。有趣的是，我刚到中场，安东尼·莫罗——我高中时跟他交过手，后来在勇士队也当过队友——就开始冲着防守我的人大喊大叫，还不停挥舞着手臂。就好像在说：手举起来！再举高一点！他也来自夏洛特，对我知根知底。他已经看明白了我接下来要做些什么，所有人都看明白了，只有球场上的防守球员们还蒙在鼓里。

但我知道，只要我出手，球就能进。

终场前0.6秒，我命中了那记38英尺（约12米）外的三分绝杀。这时，解说员迈克·布林喊出了他那句著名的"双响"解说词："砰！砰！哦，多么不可思议的一记绝杀，来自库里！"

我以前也投进过制胜球，但在这么远的地方完成绝杀？这可是破天荒头一回。所有的一切，从努力训练到积极复健，从磨合团队到提升领导力，都是为了这一刻。我在训练中也投进过这样的球，但这一球与众不同。**你反复练习、持续打磨这样的投篮，但你依然需要有足够的胆量，该出手时就出手。**我出手了。

5 月的一天，我正在客厅里忙活着，准备动身前往训练馆。我知道自己将第二次荣获常规赛 MVP，唯一的悬念是能否全票当选。

如果能全票当选，就将是 NBA 有史以来的第一次。但我在意的不是历史突破，而是若真能如此，就意味着评委不仅肯定我作为一名球员的个体价值，还一致认可我们作为一支球队有着历史级别的伟大。我们打出了登峰造极的团队篮球。但即便结果未能如愿，我也不可能在没有球队帮助的情况下，单枪匹马赢得 MVP。收获这份荣誉，靠的就是身边这群队友。我们共同达成了卓越成就，这让我无比自豪。

电视在我脑袋上方，我正好背对着它。新闻突然弹出，亲人和朋友们的反应让我记忆犹新：他们都欣喜若狂。

我全票当选了。

颁奖典礼当天，我们刚刚在 2015/2016 赛季西部半决赛中后来居上，逆转淘汰了开拓者队。最终，我们将在总决赛中再次对阵克利夫兰骑士队。

在新闻发布会的问答环节，有人问我希望以怎样的形象被人们铭记。每当你捧起奖杯，总会有人问你这样的问题。

"成功当然与上天恩赐的能力、禀赋或其他的东西有关，"我说，"**但我希望人们记住的，是一个努力工作的人。**"

你努力工作，积极准备，正是为了应对最关键的考验——紧张情绪。比跟对手较量更重要的是，你首先要处理好自己的紧张情绪。你会如何回应它？**如果你在自我怀疑，很可能是因为你准备得不够充分。**

作为凡人，总会有些时刻，尽管你已经做好了万全准备，依然会担心与目标失之交臂。这种情况下，紧张情绪会压倒一切，让你所有的自控力和长期训练得来的冷静都荡然无存。

整个房间开始天旋地转。你开始尝试一些自己力不能及的事情。

你开始灵魂出窍，脱离自我掌控。

欢迎来到我的噩梦。欢迎来到 2015/2016 赛季总决赛第七战。

Maurice Podoloff Trophy
2014 - 2015
Kia NBA Most Valuable Player
STEPHEN CURRY
Golden State Warriors

Maurice Podoloff Trophy
2015 - 2016
Kia NBA Most Valuable Player
STEPHEN CURRY
Golden State Warriors

我最失控的状态出现在最糟糕的时刻：2015/2016 赛季总决赛第七战的最后一分钟。

被问及连胜感受时，我总会感到词穷，不知该如何描述这种感觉。但那最后一分钟的滋味，我能确定无疑地讲给你听——无助。我拼命想让身体和思维建立连接。生死关头，我不知道怎样才能做到，只能千方百计去尝试。不知为何，这反倒让情况变得更糟。

那些噩梦总会不请自来，似乎已经变成我身体的一部分，随时都可能重回那个时刻。

2016 年 6 月 19 日，甲骨文球馆，双方以 89 比 89 打平。终场前 1 分9 秒，我投丢一记三分球，骑士队马上请求暂停。比赛重新开始后，凯里·欧文和我在弧顶一对一。他在我头上投篮出手，球落入篮筐。时间一秒秒地流逝。我又一次投篮不中，球队只能选择对詹姆斯犯规，他两罚一中。我在球场另一端苦苦挣扎，绝望中再次抢投出手，但之前一直没投进，这次也不例外。终场哨响，比分被定格在 93 比 89。面对一支创造历史最佳战绩的超级强队，骑士队在大比分 1 比 3 落后的情况下，最终完成了惊天大逆转。而且在总决赛抢七大战的最后时刻，骑士队在我们的地盘上反客为主，一举击败了我们。我永远为詹姆斯和欧文在那次逆转中的伟大表现而击节叹赏——23 号和 2 号都足够特别。

那一刻，我就呆呆站在替补席旁，看着他们欢庆胜利。我与詹姆斯、欧文、JR.史密斯等对手一一击掌致意，然后走回更衣室。

接着就眼前一黑，整个人好像进入了"自动驾驶"状态，有如行尸走肉般浑浑噩噩。不只是在那一夜，整个休赛期都是如此。我知道自己依然在努力训练，**但那段时间具体发生过什么，我完全没有任何印象。**

你会变成心中

所以请你

尽情勾勒出

也无须为此

You become wh

Be the best in your min

所想的样子。
你在心里
最好的自己，
感到抱歉。

think you are.
don't apologize for it.

那么，这次失败的教训是什么呢？我能从中学到什么并分享给你呢？

胜利从来都来之不易。

有人一脸认真地问过我："你们后悔追求 73 胜纪录吗？这是不是导致你们在总决赛失利的原因？"答案是否定的。73 胜本身是一项伟大成就，只不过对我们来说喜忧参半。

我们的训练馆里悬挂着 73 胜 9 负的条幅，尺寸上略小了一点。这或许是体育史上最孤独的横幅，上面写着纪录和每个人的名字。我常常会凝视着它。它确实会让我想到总决赛的失败，但同时也会提醒我：72 胜 10 负的原纪录曾被公认为牢不可破，但我们创造了历史。

在很长一段时间内，我们都在篮球场上保持着超高水平的竞技状态。整整连续 9 个月，我们都维持着那种极致的专注和上佳的表现。

每一年都有不同的故事，我已经学会欣赏所有的际遇。**我们输给了对手，但没有输给自己，我们战斗到了最后。**

这就是那一年给我们的教训：哪怕结局是失败，也要战斗到最后一刻。

我们站在汉普顿豪宅外的草坪上，此刻只剩我们五人。

这是在 2016 年 6 月 30 日，我和安德烈、克莱、德雷蒙德专程前来，希望凯文·杜兰特能感受到诚意：我们真心希望他能加盟湾区。他是自由球员身份，正在被很多球队积极招募。

商务团队在客厅完成陈述后就留在了豪宅室内，现在外面只有我们几个球员。人们总是把杜兰特加盟勇士队这件事想得很复杂。我该如何应对一位超级巨星的加盟呢？这会威胁到我的领袖地位吗？略好一点的问题是，如果真被影响了，我的领袖角色会发生哪些变化？

杜兰特需要从我这里得到更直接的回答：我对此有何感受，我想让他加入球队吗？

"我们只想赢，"我说，"你觉得能帮上忙吗？"作为球队领袖，我需要确认他能否完全投入我们想做的事情和我们做事的方式上，只要他能做出肯定回答，那就足够了。

因为让当今联盟最好，甚至是联盟历史最佳的球员之一加入我们，原本就不像火箭科技那般复杂。我们四个都清楚这个团队的定位，而眼前正在招募的这位球员，不仅天赋出众，还极度渴望胜利。

7 月 4 日，当凯文·杜兰特宣布决定加盟金州勇士队时，我正在夏威夷和家人们一起度假。凯文本想提前打电话通知我，但由于东海岸的时差，彼时的我睡得正香。等我收到消息，大半天——以及半个新闻传播周期——已经过去了。

"我还以为你生气了，"那天晚些时候，凯文对我说，"因为你不回我电话。"

"抱歉，兄弟，"我说，"我当时有别的事，我完全不知道发生了什么。"

作为领导者，必须永远以团队优先，胜利至上。并且要明白，另一位天才球员的加入并不会减损我的价值，或是削弱我的地位。从此，我们迎来了三年的伟大时光。

一段全新合作开始时，要记住彼此都处在磨合期。过程不会很完美，也不一定会很顺利。但你必须保持清醒，头脑开放。创造性地思考如何为彼此创造得分空间，专注提升自己的竞争力，**以全力争胜为核心构建团队的身份认同。**

关键在于，"自我"有各种各样的形态和呈现。在各行各业都是如此，体育界尤为突出。鉴于我们从事的工作极具竞争性，总会有各种公开或私下的讨论，比如"这是谁的球队""谁是这支球队最优秀的球员"，又或者"这会对历史地位有何影响"等。但我不会用这样的视角看问题。

专注于你自身的价值，以及它对胜利的影响。人们总说要"放下自我"，但我不认为这种说法对球队真正有益。归根结底，我们每个人都会忠于自我，它塑造了真实的我们。每个比赛之夜，每个人都带着良性的自我意识和最好的自我状态上场，这并没有什么不好。

我希望在自己的储物柜旁边坐着这样的队友：他坚信自己才是有史以来最适合穿上勇士队球衣的那个人。只要他在我的球队里，我就希望他能怀揣着这种信念。我的自我意识足够强大，能够接纳他发自内心认为自己比我更优秀的想法。总会有需要他挺身而出的时刻，比如当我状态低迷，伤病缠身，又或者只是需要把球传出来的时候。如果他的"自我指数"达到 10 分的满格状态，也就为了那个时刻做好了"一投制胜"的准备。

你会变成心中所想的样子。所以请你在心里尽情勾勒出最好的自己，也无须为此感到抱歉。

这是我在夏洛特野球比赛中学到的道理：一定要与更努力工作的人为伍。于我而言，凯文·杜兰特就是这样的人，我对他来说同样如此。我们每周会合练一两次，跟克莱也是一样。我们专注打磨球技。但也有些时候，训练馆的四块球场会被我们分头占据。每个人都有自己的篮筐，有各自不同的训练项目。在那里，我们每个人身上都有一种很原始的能量，相互较劲，比拼着谁练得更凶。我们都时刻关注着彼此，以此来确保大家训练的节奏和强度都在同一水平线上，持续不断地突破极限。这种健康的竞争环境有助于我们不断精进。

如今回看，我意识到我们做每一件事时都有着共同的目标和专业精神。彼此间无须多言，只需要不断观察对方，就能在无形中推动彼此提升球技。**没有人想成为球队里最薄弱的一环。**

赛前准备的例行流程对任何球队都至关重要。这并非出于迷信，而是为了稳定心神。它们能帮你放松，这样一来，不管比赛多么重要，你都能保持专注，享受当下。无论这是揭幕战还是收官战，是季后赛还是总决赛，无论你身在何处，都是如此。

对我来说，一切从护踝和袜子开始。我习惯先穿左脚，再穿右脚，一直如此。先穿左边的护踝，再穿右边的；先穿左边的鞋子，再穿右边的。另外，每一年我都会选择一首新歌，在前往球馆的最后三分钟车程里播放。你们可能以为是那种很振奋人心的歌曲，但有一年我选的是 R&B 组合 New Edition 的《如果这不是爱》。歌曲也好，例行流程也罢，都是为了能**放松身心，知道是时候进入比赛状态了**。

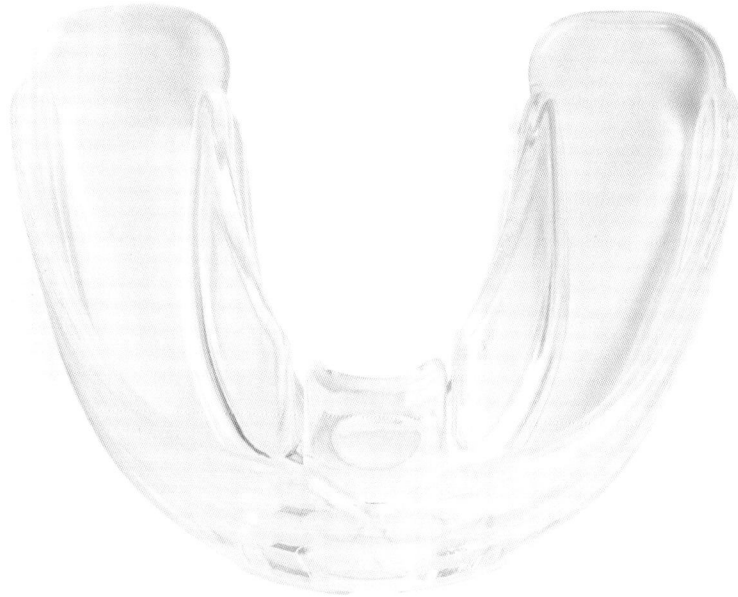

Rakuten

亲人或朋友（也许还有陌生人）都会给你提出建议。要确保自己对他们的支持和鼓励表示感谢，但**为他们给出的建议设定好边界**。如果他们没有经历过你在做的事情，也不曾亲历赛场，那么你不会希望由他们来对球队的攻守战术品头论足。

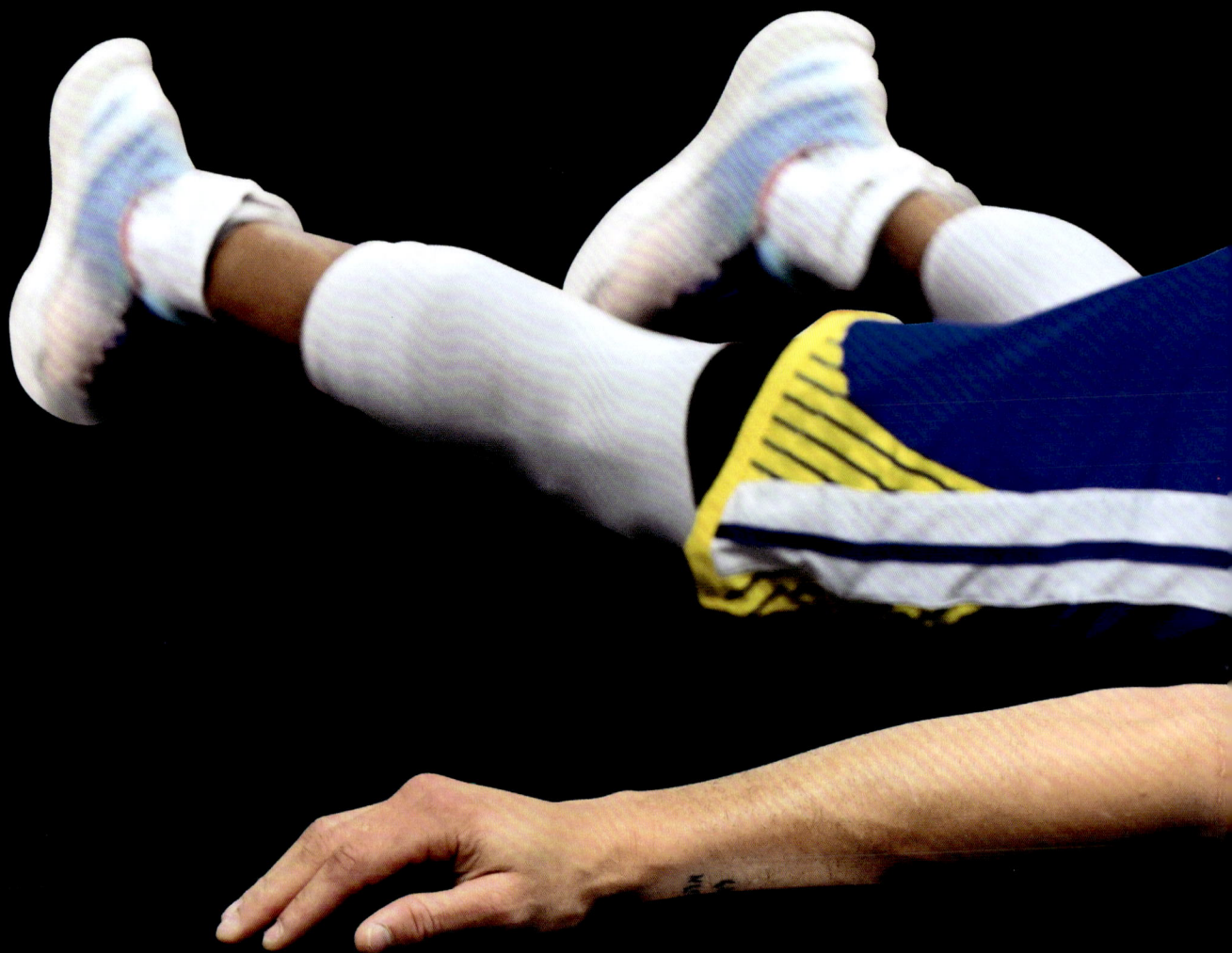

2016 年 11 月 4 日，在洛杉矶，我连续 157 场投进三分球的纪录戛然而止。在输给湖人队的这场比赛里，我全场 10 次出手三分球，颗粒无收。

接下来的周六和周日两天时间里，我在训练中跟自己死磕，但训练的内容并没有任何变化。

遭遇失败的时候，你必须直面现实，承认问题，这样才会有成长空间。但这并不意味着信心崩溃。这个周末，也就是对阵湖人队的这场比赛和对阵鹈鹕队的下一场比赛之间的间歇期，我并没有比平时练得更多、更刻苦。恰恰相反，我的训练一如既往：信心十足，目标明确。这必将只是一段非常短暂的低谷期，因为我知道自己的准备有多么充分。我没有被压力压垮，而是保持专注。

11 月 7 日，在主场对阵鹈鹕队的那场比赛中，我轻装上阵。我不需要给自己施加不必要的压力，只要我投进一个三分球，我就知道，我的手感又回来了。只需要投进一个球就够了，不管之前已经投丢了多少球，我都手感火热。那晚，我单场投进了 13 个三分球，创造了 NBA 纪录。

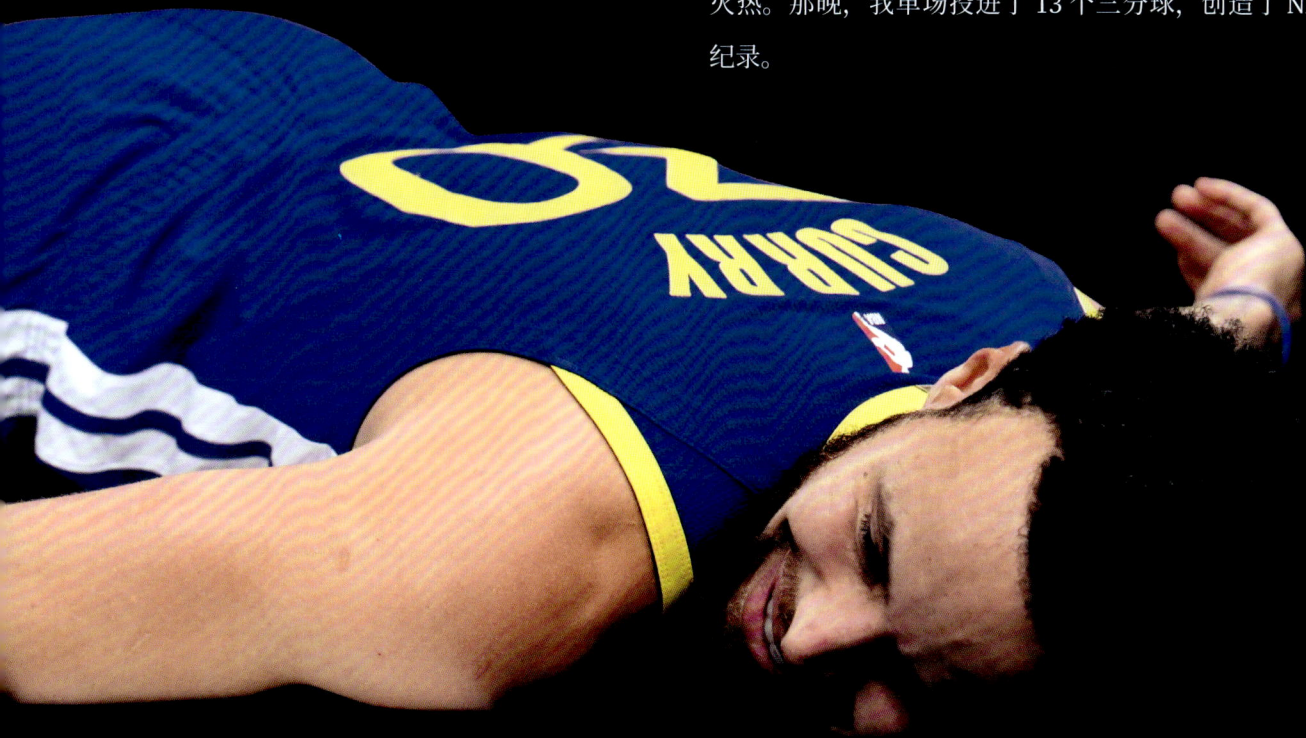

遭遇失败

你必须直

承认

这样才会有

的时候，
面现实、
问题，
成长空间。

have to acknowledge
can be room for growth.

2017 年 6 月 12 日，甲骨文球馆，我们又一次在总决赛以 3 比 1 的大比分领先骑士队。这是系列赛第五场，我心里一清二楚，去年我们同样以 3 比 1 领先时发生了什么。

我们在 2015 年夺冠，在 2016 年失利，今年是连续第三年闯进总决赛。我们知道夺冠的滋味，但还从来没能在主场完成夺冠。我想知道在终场哨响那一刻，甲骨文球馆里会是怎样一种氛围。

这就是我们的动力所在，但紧张感依然存在。又一次。

进入第四节时，我们以 98 比 93 领先骑士队。随后，终场前 9 分钟，德雷蒙德两罚两中，我们将领先优势扩大到 10 分。

比赛的最后 9 分钟漫长得就像是一整个星期。这场胜利实际上已经唾手可得，但看上去是如此遥不可及，好像终场哨声永远不会响起一样。直到我看到凯文在替补席旁边近乎情绪崩溃，我才意识到，哦，我们做到了，任务已完成。这正是我们所有人都梦寐以求的。

我说的"所有人"，不仅仅是指所有球员或教练，而是指"勇士国度"的所有人。我想把这一刻献给他们，就在我们的主场，而球馆里的气氛果然没有让我失望。时至今日，这依然可能是我听到过的最震耳欲聋的欢呼声。这是同一批球迷，去年陪我们承受功亏一篑的打击，今年陪我们见证报仇雪恨的畅快。看着五彩纸屑在他们的周围四散飘落，那感觉妙不可言。

这个夜晚的无上欢乐，奥克兰理所应得。

随着每一次夺冠，我感到自己的公众影响力在不断提升。这给了我创造改变的绝佳机会，但压力也随之而来。当你押上自己的声誉，为了某项使命而发声，你需要有睿智的判断力。但如果你选择只对那些真正认同的事业有所投入，压力也会相应减轻。从小到大，我看到父母经常回馈社区，感谢他们的支持。父亲在夏洛特为初、高中学生设立了计算机学习中心，还经常让我和兄弟姐妹们去现场帮忙。我们和那些孩子年纪相仿，所以我们完全理解这些尝试会产生多么切实的影响。

这是很好的表率，我从中学到该如何从事慈善事业，如何利用好自己的平台——**扎根熟悉的社区，从事我所理解的事业，产生我能看到的影响。**

这是我举办安德玛全美训练营的第三年，我邀请了美国最顶尖的 30 名高中篮球运动员。前两年只邀请了男运动员，有了经验之后，我们得以扩大邀请范围，从而也覆盖了最有天赋的高中女孩们。了解更多，才能做到更多。

环顾这些大部分比我还高的孩子，我突然有一个想法：我 16 岁上高二的时候，肯定没资格受邀参加这个篮球训练营。

那些和当年的我一样，只有"三星"评级，还在苦苦寻觅机会的孩子们，他们该怎么办？他们也理应获得一个证明自己的机会，也许能帮他们争取到大学奖学金。

这个想法促成了于 2019 年举办的首届"被低估巡回赛"。这是一项免费、公开的区域性赛事，面向那些和我一样热爱篮球的三星高中生。他们即使不被看好，依然坚持上场拼搏，并从中找到乐趣。

我们的目标不仅是给他们一个向教练和球探展示能力的机会，而且希望能从更深入的层面改变他们的生活。我们为他们提供装备，开设课程，详细讲解如何平衡大学课业和运动目标。我们还组织了一个研讨会，帮助他们和家长们了解完整的大学招募流程，确保他们在招募过程中能够最大化保护自身权益。还有一点让我很自豪：我们为男孩和女孩们提供了同等数量的参赛名额。

总有一批常年不被球探关注、不得不"大器晚成"的孩子们，这是改变他们命运的好机会，让他们看清自身潜力，感恩持续成长，而不是一味与其他人盲目比较。**我太懂"被低估"和"大器晚成"是什么滋味了。**

成为父亲能帮你用更成熟的视角看待事物。我所说的并不是那种梦幻般的故事中才有的情节——好像突然顿悟了人生真谛，明白了何事最为珍贵。我所说的其实是，孩子会告诉你什么才是真正重要的。我很早就明白了，无论得多少分，打破了多少纪录，赢下或输掉了什么样的比赛，孩子们都不会在意。当我回到家，我的身份就是爸爸，孩子们想要的只是你同样用心去回应他们的热情。把工作上的压力排除在亲子关系之外，每次走进家门就要抓住机会，刷新自我。因为孩子们确实不在乎你在外面做了什么，也不需要理解你在"父亲"之外还要扮演哪些角色。相反，你要找出他们真正在乎的事情，用心去研究，当成一场重要客户的会议一样认真准备。无论他们喜欢的是《小马宝莉》动画片，还是各种型号的飞机，你都要去学习他们的语言，这样你才有机会跟他们练习真正有意义的对话，与你交流那些对他们来说非常重要的事情。

我知道，工作和家庭的边界从未像如今这样模糊不清。一个又一个电话，无穷无尽的视频会议，并非心甘情愿的周末加班……我们早就习以为常。具体到我的工作上，我在整个职业生涯中都在努力划清界限，因为有时我的客场之旅可能长达 10 天。稍不注意，你的日子就会一片混沌。诀窍在于：身在何处，心就在何处。

FOUR FACTORS	
EFG%	00.0
TO%	00.0
OREB%	00.0
FT RATE	00.0

0

TOL 6
FLS 6

GOLDEN STATE TEAM STATS

AST	00.0	BLK	00.0	2P%	00.0
OREB	00.0	TO	00.0	3P%	00.0
DREB	00.0	POT	00.0	FG%	00.0
STL	00.0	PITP	00.0	FT%	00.0

ON THE FLOOR	MIN	PTS	REB	AST	STL	BLK	FGM/FGA	3PM/3PA	F
5 K. LOONEY	00	00	00	00	00	00	00/00	00/00	0
23 D. GREEN	00	00	00	00	00	00	00/00	00/00	0
11 K. THOMPSON	00	00	00	00	00	00	00/00	00/00	0
1 D. RUSSELL	00	00	00	00	00	00	00/00	00/00	0
30 S. CURRY	00	00	00	00	00	00	00/00	00/00	0

SE CENTER   WELCOME

SE CENTER   WELCOME

CURRENT TOTAL: $20,000

CLE 100 IND 100 Q4 12:00

0 TOL
FLS

CENTER

0

TOL 6 BONUS
FLS 6

FOUR FACTORS
EFG% 00.0
TO% 00.0
OREB% 00.0
FT RATE 00.0

LOS ANGELES TEAM STATS

AST	00.0	BLK	00.0	2P%	00.0
OREB	00.0	TO	00.0	3P%	00.0
DREB	00.0	POT	00.0	FG%	00.0
STL	00.0	PITP	00.0	FT%	00.0

THE FLOOR	MIN	PTS	REB	AST	STL	BLK	FGM/FGA	3PM/3PA	FLS
J. MCGEE	00	00	00	00	00	00	00 / 00	00 / 00	00
K. KUZMA	00	00	00	00	00	00	00 / 00	00 / 00	00
L. JAMES	00	00	00	00	00	00	00 / 00	00 / 00	00
D. GREEN	00	00	00	00	00	00	00 / 00	00 / 00	00
R. RONDO	00	00	00	00	00	00	00 / 00	00 / 00	00

CHASE CENTER WELCOM

STEPHEN

CURRY

CHASE CENTER WELCOM

0

50·50 RAFFLE CURRENT TOTAL: $20,000 Tickets 3 for $10 and 20 for $20 | 4 NBA GAMES | CLE 100 | IND 100 | Q4 12:00

CHASE CENTER

CHASE CENTER

2019 年 3 月 31 日，看到儿子卡农坐在他爷爷腿上，第一次在现场看我打比赛，感觉无比奇妙。我们的小宝贝才 8 个月大，在他的成长过程中，跟我当年一样有着在现场看球的特权。我想为他创造同样美好的回忆，但这场比赛对我和父亲来说也是非常珍贵的时刻。卡农坐在他腿上的画面让我浮想联翩，想起我和父亲这一路走来已经走了多远：我也曾像这样看着他打球，他也从曾经的球员慢慢变成了父亲、祖父和一个不断壮大发展家族里的大家长。他不是一个爱炫耀的人，不过，在诸如此类的时刻，我能看出他内心深处的满足和骄傲，因为他成功激励了我和弟弟塞斯，让我俩在联盟和生活中都有所作为。

当你逐渐成长为一名老将，就有责任帮助球队应对变化，哪怕你自己也不想面对这些变化。对我来说，其中一项变化就是勇士队要更换主场的消息：2018/2019赛季结束后，勇士队主场从甲骨文球馆搬到大通中心。

我拖延到最后一刻才第一次去参观大通中心。阿耶莎陪我一起去，我们和施工队的人一样戴上安全帽，穿上亮黄色的安全背心。从破土动工开始，他们已经为建设这座球馆奋战了两年时间，迫不及待想要把成果展示给我们看。我努力回应他们的热情，感谢他们花费了大量时间，为我们打造出了无与伦比的篮球殿堂。

我反复说着"哇，太疯狂了"或者"太棒了"，双手紧握在身前或背后。话虽如此，阿耶莎甚至都不敢看我，因为她能感觉到我的情绪。大通中心的确设计精美、技术先进，但它依然让我觉得空荡荡的——作为一支球队，我们早已把全部心血都倾注在了甲骨文球馆。

和阿耶莎单独待在车里的时候，我忍不住叹了口气。"我也算来过了。"我轻声说。我原本想象的那种精神归属感还没有出现，这里还不是家，还不是我们的家。

这是我需要弄清楚的事情，不仅是为我自己，也是为了球队。**作为老将，我们极其珍视那些塑造了我们的经历，但有时候，我们也需要引领大家穿越未知**。

2018/2019 赛季末期，当我们准备从甲骨文球馆搬到大通中心，我希望向那些球队的前辈和先驱致以敬意。那些传奇人物为我今天的成就铺平了道路，他们的球衣依然高悬在球馆上空。

作为 2009 年那批人中唯一还留在队中的球员，我已经成了球队元老。为了纪念球队的历史，我向球队提议，在我们告别这座球馆的时候，全队应该穿上"我们相信"时代的复古球衣。当我们在更衣室里看到这些球衣，我才真正意识到，真到了和甲骨文球馆说再见的时候。我穿上球衣，看到镜子中的自己，涌上心头的不是回忆，而是对这 10 年时光的感恩和感谢。

我们走上球场，球迷们瞬间沸腾。他们多年来一直对这支球队满怀信心，为了赢得他们的尊重和信任，我们也始终兢兢业业，全力以赴。奥克兰一直都会如此，彼此生死与共。

作为最后五个主场比赛中的致敬环节之一，我在赛前穿着一些前辈的勇士队球衣出场：拜伦·戴维斯、安德里斯·别德林斯、斯蒂芬·杰克逊、蒂姆·哈达威，以及最后一晚的压轴球星——蒙塔·埃利斯。蒙塔曾被媒体渲染成我的"死敌"，这个说法现在听起来是如此荒诞不经。蒙塔高中一毕业就肩负起重任，要奋力领导这支我们共同热爱的球队，最终获得了广泛爱戴。这是我们在甲骨文球馆的最后一个常规赛之夜，也是我们将带着制霸西部的常规赛战绩，再度向总决赛门票发起冲击的特殊时刻，由他与我们一起见证历史，简直再合适不过了。

我有一张球队在输掉2018/2019赛季总决赛后与现场球迷的合影照片。我们输给了猛龙队——我和弟弟塞斯小时候经常在多伦多看父亲打球的那支球队。事实上，这是我们在甲骨文球馆的最后一夜。

从更衣室里能听到球迷们一边退场，一边高声呼喊着"勇士队"。甲骨文球馆是 NBA 最古老的球馆，而今晚是球迷们最后一次在这里为我们高呼。大约有 70 名球迷迟迟不愿离场，他们难以向这座球馆道出再见。我们也同样如此。我们出去跟他们打了招呼，一起合影留念。

我们输了比赛，但在这座球馆里，我们有太多美好的记忆，学到了很多，也经历了很多。**所以我们选择庆祝，这才是告别的正确方式。**

在这样的转折时刻，即便遭遇失败，你依然有机会带领大家渡过难关，走出低谷，重回巅峰。

有时候，领袖的任务就是要勇于放下过去，开启全新篇章。

313

Veteran

老将

第三部分

Part 3

Stretching Your Prime

再续疯狂

无论胜负，老将会把日积月累的经验融会贯通，应用在每一场比赛中。你不会还像初出茅庐一样天真懵懂。阅历会告诉你，关键时刻可能会出现纰漏，甚至必然出错。

正因为老将们太清楚比赛结果事关重大，知晓每一个陷阱、每一个犯错的风险，太过于谨慎小心，他们反而可能失去信心。这时你就得像新秀时那样，学会选择性遗忘。要坚信在投篮出手之前，发生的一切都无关紧要。**要记住初学者心态。**必须活在当下，舍此之外，皆是虚幻。

这才是真正重要的时刻。

下一球肯定能进。

老将：再续疯狂

"作为球队里年龄最大的球员，有何感受？"

这可能是 2019/2020 赛季开打前，我在训练营中被问到最多的问题。那年 9 月，记者们似乎人人有个快捷键，可以一键打出类似这样的文字："31 岁的库里是全队年龄最大的球员。"我尽量坦言相告："我意识到这一点了吗？还没有。人们总在提醒我吗？是的。但愿年龄增长能带给我智慧，同时还能在球场上保持活力。"

那一年，球队阵容有大幅调整，我的主要精力都用于解决一个大问题：如何带领全新阵容应对挑战和机遇。我们不仅失去了凯文·杜兰特（一位历史最佳级别的全能球员），还告别了安德烈·伊戈达拉和肖恩·利文斯顿（两位篮球智商无可替代的老将）。克莱在上赛季总决赛对阵猛龙队的第六场中十字韧带撕裂，此后接受了修复手术，如今只能缺席比赛。只剩下我，成了球队的"老大哥"，还要帮助大家尽早适应在大通中心的新主场。

第一场季前赛开打前，德雷蒙德和我聊起该如何融入新场馆。"兄弟，这是我们在大通中心的第一场比赛，"他说，"你得整点儿狠活。"

"比如说？"

"比如，"他思考片刻，说，"你第一次拿球，就从中圈或者别的什么位置投篮出手。"我哈哈大笑，他却一本正经地盯着我，显然是认真的。

当然，新主场的第一场比赛，我肯定希望打出优异表现，但我之前确实没动过"宣示主权"的念头——用第一次投篮向世界宣告这是我们的地盘。但德雷蒙德是对的。

"好呀，"我笑着答应了，"看我给这座场馆来个开箱仪式。"

"就是这样！"他继续煽风点火，"就这么干！"

跳球后我们得到球权，我持球推进到半场。好吧，我一边想着，一边往前跨了两三步，然后马上把球扔了出去。

三不沾。

球直接出界了。我忍不住大笑起来，看向科尔教练，他对我们的小算盘一无所知。这个被蒙在鼓里的家伙刚看完跳球，下一秒映入眼帘的就是我在 40 英尺（约12 米）外乱扔一气。

对所有人来说，这就是我们在新球馆的破冰时刻。我们来这里是为了创造快乐的。**"欢迎来到大通中心。"****我对自己，也对在场所有人大声宣告。**

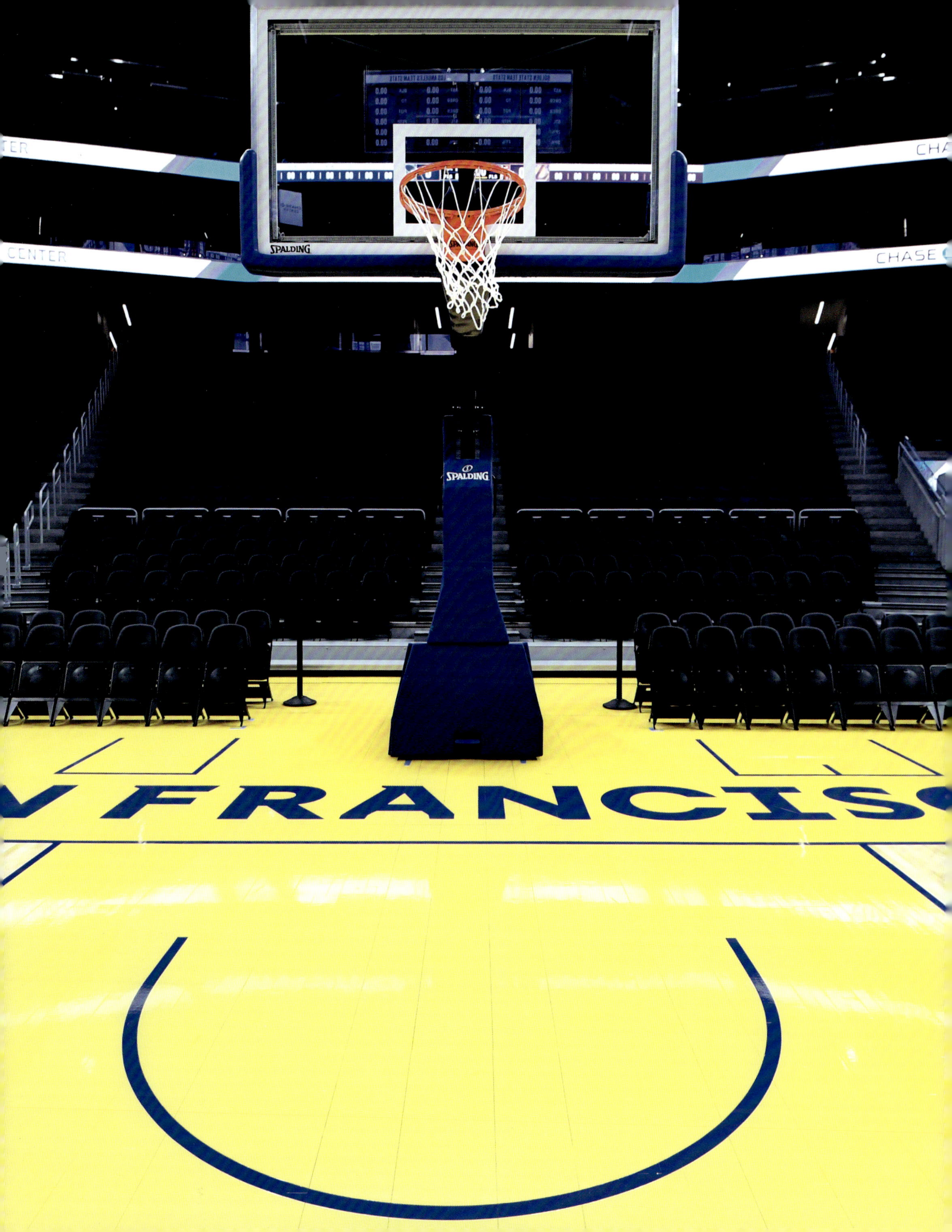
SPALDING
CENTER
CHASE
SPALDING
FRANCIS

对我来说，职业生涯越深入，呼吸控制就越重要。这个细节看似无比细微，但却实实在在地影响着我所做的一切事情。它是我的秘密武器，当我在球场上祭出这个杀招，根本就没人能有所察觉。

即便是和我在一起打球的老将们，也需要有人提醒他们去调整呼吸。年纪越大，比赛的压力也会越大。人们不断审视你是否已到达瓶颈，你有时也会对其他人的成长速度感到不耐烦。于是，你可能会对着裁判大喊大叫（无论他们是否有过错），也可能会怒摔牙套，又或者会让新人的自信心受挫，而不是引导他们从错误中学习成长。**成功之路必然有压力相伴，控制好呼吸，才能应对自如。**

在大通中心的第一年相当艰难。我们在 2019/2020 赛季的那场揭幕战中不敌快船队，随后踏上客场之旅，第四场比赛才回到大通中心，迎战太阳队。这只是我们在大通中心的第二场比赛。第三节，身高 6 英尺 10 英寸（约 2.08 米）的中锋阿隆·贝恩斯试图制造进攻犯规，我被他绊倒。他在空中失去平衡，落地时重重压在我的手背上。

我站起身来，甩了甩手，马上意识到**大事不妙**——手掌的第二掌骨骨折了。两天后，我接受了修

复骨折部位的手术，一个月后又做了后续手术取出钢钉。左手上留下了两道漂亮的伤疤，如今已成为我身体的一部分。

训练师布兰登·佩恩认为，这是我所有伤病中最令人担忧的一次，之前的伤病主要涉及肌肉或韧带，而这次伤到了骨头。最让我害怕的是受伤后出现的麻木感。足足花了 7 个月时间，我左手上那两根指头才完全恢复知觉。

我因伤休战了 4 个月。由于康复治疗在南加州进行，大部分时间我都没能和球队在一起。但在那段时间里，我决心继续发挥领导力，为球队提供支持。如果你无法亲临现场，挑战就随之而来：不在现场，你怎么能对队友们的一举一动了如指掌呢？如何确保更衣室里的每个人还坚守着球队文化呢？

只要用心观察，你就会发现即便不能到场，你的一言一行依然能对球队产生很大影响。**与队友交流时，留意每一个细微之处**。关键在于，确保在追求胜利的过程中，让所有人都能感受到自己的价值和重要性，无论他是明星球员，还是替补席最末端的第十五人。

不幸的是，那一年我们的表现确实很糟糕。事实如此。为了能重返球场，我在复健过程中全力以赴。新年前后，我终于能回到球馆，恢复自己的例行训练。大通中心依然没有家的感觉，我毕竟只在这里打过两场比赛。虽说我努力与球队保持紧密联系，但我依然期待着能重新融入球迷，融入大通中心的新环境。

2020 年 3 月 5 日，我终于在对阵猛龙队的比赛中迎来复出，感觉自己就像是个第一天到新学校报到的转校生，而同学们早已经埋头苦读了几个月。那时候，球队的战绩惨不忍睹，在整个联盟都排名垫底。由于战绩不佳，作为团队，我们已经失去了继续奋斗的理由，但我只是单纯热爱打球，渴望能回到球场。球迷们热烈的欢迎也让我备受鼓舞。我离开赛场的时间并不算太久，但球迷们让我清楚地感受到，他们对我的想念已无以复加。有了这份爱意，我的身心得到极大抚慰。

作为一名老将，我依然还在学习该如何接纳这份爱意，并为他人树立榜样。我一直心怀感激，但现在我更想展示的是，如何能在保持谦逊的同时，真诚地接受这份爱意。

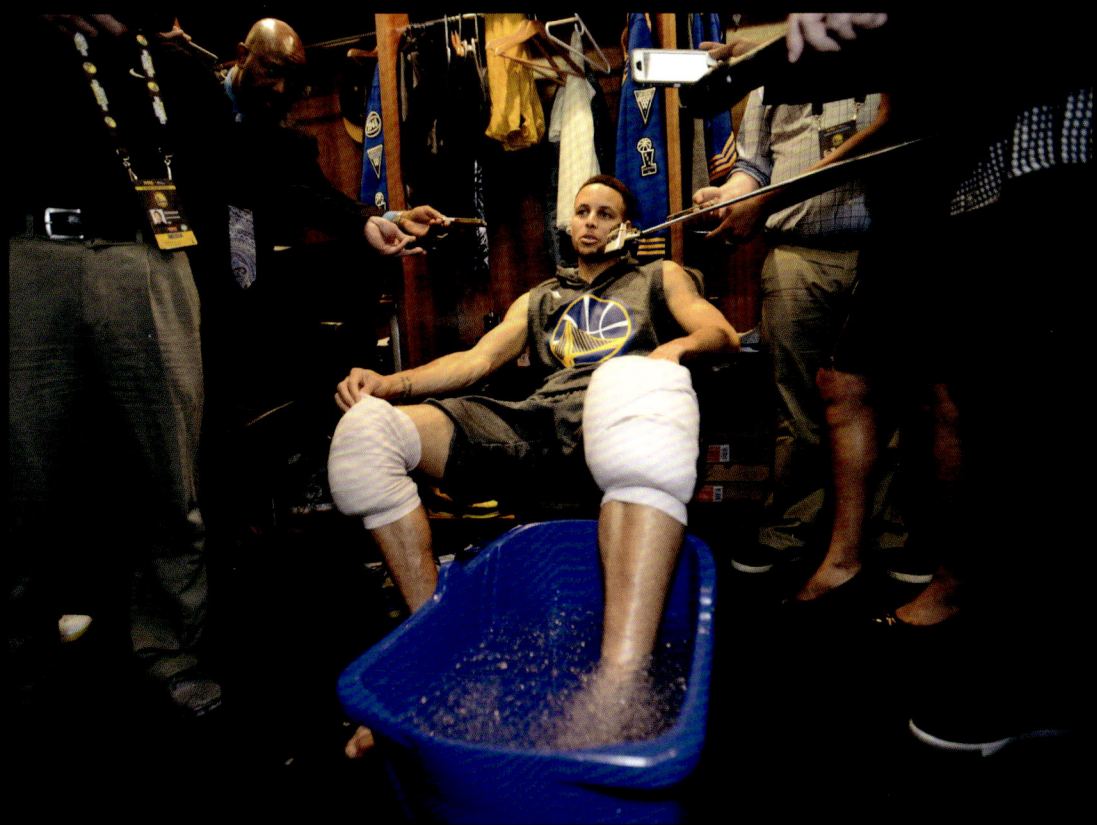

成长需要耐

你要将其

Remember the patience and g

扰心和宽容，
铭记于心。

you needed on the come-up.

如果你没有谦卑之心，生活会教会你谦卑。我前两次出手都没进，但随后逐渐找回了节奏。假动作晃开帕特里克·麦考之后，我完成了投篮得分。之所以在这里提起这一球，关键在于这球发生在 24 秒进攻时间行将结束的最后一刻，我必须承认，这球纯属是抢在到时之前完成的仓促出手。任何射手都知道，有时你怎么都找不到节奏，总感觉有哪里不对劲，为了能够找回状态，最好的办法就是"置之死地而后生"，让自己完全没有时间多想。进攻时间即将耗尽，除了投篮出手之外你别无选择，思维就会极度简化。无须过多思索，仅凭本能出手，心里只有一个念头："管它呢，我就投了。"

这种投篮往往是最棒的。**头脑清晰，思维专注，**而且有时候还真能投进。

我笑得嘴都合不拢，终于找回了打球的乐趣。

不过，那场复出之战中，我最喜欢的一次进攻并非这一球，而是一次助攻。

我切入禁区，在球队替补席前接到球，一个假动作晃开两名防守球员，后撤步运球拉出空间，然后背后传球给安德鲁·维金斯——用的是那只骨折的左手，谢天谢地。他接住传球，完成终结。

那一刻我感觉到，不仅受伤的左手恢复了，我比赛的创造力也回归了，那种定义勇士队篮球风格的灵气、美感和奇妙感，也全都回来了。那场比赛，我的表现中规中矩，依然还在适应大通中心，只可惜在最后时刻我们还是输掉了比赛。即便失利，这场比赛依然意义重大，因为它让我意识到在这种环境下打球能带来多少乐趣，一如我在其他球场上打球一样。那个夜晚让我明白，我为比赛付出的一切，为能够上场打球做出的所有努力，都是值得的。经历了如此漫长的康复期，我需要这种精神上的奖励来重燃斗志。

但接下来……联盟停摆了。

2020 年 3 月 11 日起，NBA 因疫情取消了后续赛程。那年夏天，联盟在佛罗里达州华特·迪士尼世界的封闭园区（被称为"泡泡"）里宣告复赛，打完最后 8 场常规赛和季后赛。30 支球队中有 22 队受邀参赛，剩下的 8 支球队因为排名垫底，已经提前无缘季后赛。

前 50 场比赛中我们只赢了 15 场，在 30 支球队中排名垫底，自然就没有收到邀请。无缘迪士尼意味着在新赛季开打前，我还要等待七八个月才能重返赛场。

这也意味着我们早已习惯的 NBA 赛季时间表被打破了。这种感觉不同于我在新婚时经历的那场停摆，也有别于受伤后日复一日、按部就班的康复训练。我感到很迷茫，这成了我职业生涯的最低谷。

从小时候看父亲打球开始，一直到成年后的这些年，我的人生始终按照篮球赛季的周期来运转：季前赛、全明星周末前的常规赛、全明星周末、全明星周末后的常规赛乃至季后赛，直至最后的休赛期，循环往复。我对"一年"这个概念的理解就是这样，并以此为基础合理分配精力，安排生活优先级。

而现在，一切都变了。突如其来的赛季中断让人震惊，但我决心充分利用这段"空窗期"，专注于打磨每一项技术动作，争取变得更强壮、更高效。等我回到赛场的时候，差不多就该年满 33 岁了。**记得当时我就在想，这是一个机会。**

上天总有办法让你准备好迎接关键时刻，看到妻子阿耶莎挺身而出，把疫情带给社区的挑战应对得井井有条，我由衷感到骄傲。阿耶莎始终积极投身于消除儿童饥饿的事业，多年以来，我亲眼见证她与各类组织通力合作，努力学习如何更高效地达成这一使命。2019 年，我们共同决定要投入时间和爱心，为孩子们打造一个类似"村落"的环境，以回馈那些一直支持着我们的社区。

我们组建了一个团队，开发出名为"**吃、学、玩**"的公益项目，致力于为孩子们提供幸福健康童年所需的三大要素：营养的膳食、高质量的阅读资源以及安全的活动空间。

出乎我们意料的是，在基金会开始运作的短短 3 个月之内，我们就有能力立即投入行动。2020 年 3 月疫情来袭之时，我们已经做好了充分的应对准备，并迅速行动起来。当时很多孩子的早餐和午餐都有赖于学校的供餐项目，然而疫情的到来导致这些项目戛然而止。我们不得不彻底改变策略，全力确保食物分发，并重新开放了一些餐厅，以便人们能够重返工作岗位。**之所以能及时满足人们的需要，都要感谢上天恩典。**

正如我常说的，准备决定一切。迄今为止，我们已经分发了接近 2000 万份食物。有能力在这场历史性危机中发挥关键作用，我们永远心存感激。

如何才能帮助孩子充分发挥潜力呢？当我们努力探索这个问题时，答案浓缩成三个基本要素：吃、学、玩。三者之中，我认为读写能力最为重要。

我的母亲是一位教育工作者，所以我一直都能理解这么做的重要性——为孩子们提供方便快捷的渠道，让他们能读到符合文化背景且适合其年龄段的书籍。让阅读充满乐趣，正是开启孩子学业成功之门的钥匙。

母亲是这一切的幕后推动者。她创办了我从一年级读到六年级的蒙台梭利学校，既是老师，也是校长。那时候，即便我想躲也躲不开她。而现如今，作为一位教育工作者，我只是努力想要跟上她的脚步。

关于"吃、学、玩"项目，也许最具影响力和变革性的地方在于：我们向孩子们承诺要为他们做的事，然后切实践行。对孩子们来说，看到承诺被兑现，远比报纸头条上那些巨额捐款的空头支票有意义得多。

我们承担基金会的所有运营费用，确保每一笔善款都能百分之百直接回馈给社区。写这段话的时候，我们正与奥克兰联合学区展开合作，计划在未来 4 年内为该学区投入超过 5000 万美元资金。那里是孩子们每一天"吃、学、玩"的地方。我们获得了真正的机会，在他们所在的地方切实提供帮助。

抓住机会去服务他人。我的建议是：先从为身边的社区带来改变做起，心中要有明确而具体的行动目标。然后围绕这个目标，制订相应策略。

2021 年 1 月 3 日，我们主场对阵开拓者队。如果知道自己会在这场比赛中刷新生涯得分纪录，我可能会换个发型再亮相。

这是缩水的赛季，直到圣诞节前几天才刚刚开赛。我们已经遭遇了几场惨败，比如在元旦当天输给了开拓者队。此番再战，舆论都在说开拓者队的达米安·利拉德已成为新晋巨星，而勇士队的统治时代即将终结。

那场比赛我状态极佳，甚至有一种灵魂出窍的感觉。只要稍有一丝空隙，我便能出手命中，一球接着一球。**我感受到那种渴望已久的平静，有如冥想一般，完全无须思考。**

我得到了职业生涯最高的 62 分。这是向全世界发出的宣言：我们还在顶峰。

随着年龄增长，你越来越能体会到家庭根基的可贵。我知道，并非人人都像我一样幸运，对我来说，父母始终是我一切成就的强大根基。家庭的结构可能会改变，呈现出新的形态，甚至可能分道扬镳。世殊事异，人生中充满变数，迫使你不得不重塑所有关系。即便如此，你们依然能够相互扶持。我的父母在 2021 年离婚了，起初这对我来说很难接受，因此我一直无法正面应对。但你所经历的一切会为你带来成熟和智慧，我开始把这次对家庭关系的重新审视当作一种福分：我能从中学到什么教训并应用到自己的婚姻生活中，从而让它更加稳固呢？我该如何分别向父母表达感激之情，感谢他们向我倾注了贯穿一生的爱和信心呢？这些年来，我不断训练自己**在困境中看到机遇**。这一次，我还看到了其中的美好。

这些是我最喜欢的时刻：82 场比赛中，总会有 15—20 个瞬间，我能感觉到与那年夏天所做的训练直接相关。我会和其他训练师一起看着"Q 教练"，用手指向他。

去年我刻意训练了一种小抛投。以前我从未真正练习这项技术，只在 2013/2014 赛季中期才开始尝试。现在，这几乎成了我的常规武器。

突然之间，这一招彻底失灵了，不是投短就是投长，怎么都投不进。我必须把这种投篮重新纳入自己的武器库，作为终结进攻的一种选择。我没办法高高跃起在别人头上扣篮，所以需要一种出手快、弧度高的投篮方式，这样在那些大个子试图封盖之前，我就能够把球投出去。

那个赛季的几场比赛中，我连续 6 次投丢了小抛投。那段时间，我在晨练中对"Q 教练"说："这一招真的用不顺手了。"

我们为此展开高强度特训，他着重解决我的平衡问题。我们把比赛的其他技术环节都放在一边，只专注于这一种投篮技巧，而且**以实战心态**来精心打磨。下一场比赛中，我用这招投进一球，当即在场上指向替补席上的"Q 教练"。当技术出现瓶颈时，我需要从教练那里获得反馈，为我打开新的思路，解开一些困惑。有时候像是在下国际象棋，有时候又有点像在玩"打地鼠"游戏。

还是新秀的时候，我能一口气完成所有的常规训练，打完一整场比赛，只需要睡上一觉就能满血复活，精神抖擞地迎接全新一天。如今，情况大不相同了。当天的训练刚一结束，我就要着手为第二天做好准备。从饮食控制、睡眠管理、恢复策略到录像分析，我有一整套看上去无穷无尽的备战流程，而且启动时间远比新秀时期要早得多。

写下这些文字的时候，正值周五下午 3 点 40 分。周六下午 5 点 30 分有场比赛要打，大概两个小时前我已经开始为明天的比赛做准备了，尽管只是在脑海中虚拟备战。4 点 30 分到 7 点 30 分是雷打不动的家庭时段，我会陪伴孩子，与家人共进晚餐。等孩子们完成睡前流程，从 8 点 30 分到 10 点 00 分，是我专注于身体维护的时间。之后，与妻子小酌一杯，进入梦乡。

适应"更衣室老将"的身份需要一段过程。去年夏天第一次见到一位新队友时，他说："你拿 MVP 的时候我刚上八年级。"

我只能回他一句："你指的是我的第一次还是第二次呢？"事实的确如此，我们第一次夺冠的时候，如今的不少队友还在上小学。

这有点好笑，但也让我感觉良好。因为**我知道自己依然处于巅峰状态。**我能笑看这段漫长的旅程，也是因为我还没有看到终点。

要明白，新一代球员每天都会考验你的领导力。他们第一次经历的这些事情，有一些你曾遭遇过并从中汲取了经验，但也有一些是你未曾体验过的。比如，在我之前的那一代球员，他们能在休赛期消失得无影无踪，因为当时没有智能手机，也没有媒体持续报道他们的私人生活，而在我之后的这一代球员却需要面临前所未有的压力。**要记住，成长需要耐心和宽容。**现在将它传递给其他人。

作为年轻球员，我们要为球队注入冠军基因；如今作为老将，我们有责任维系并传承这种基因。我知道，老将们仅仅是保持自身状态就已经足够操心了，但请允许我向你分享，我们如何**抽出时间和精力来激励年轻球员**：

想象一下你走进了我们的训练馆。在这座巨大的场馆里有个小角落，那是我们看比赛录像的地方。我们把折叠椅展开，推出可移动支架上的电视，这个场景就跟任何高中或大学的体育馆一样简陋。这可是全美国最先进的场馆之一，我们每天就在这样的小角落里看比赛录像。

我们大部分的指导交流都发生在这里，一边看录像，一边做沟通，讨论哪些地方我们做得好，哪些地方做得不好。

伊戈达拉还在队中的时候，我和他，还有德雷蒙德，是这些复盘会的主要发言人。当然，科尔教练和教练团队也会参与，但作为老将，我们拥有直言不讳的特权。可能是我直截了当地指出："过去两场比赛的第一节都很糟糕，我们失分太多了。开局打不好就等于向对手示弱，他们会加大马力，乘胜追击。"也可能是德雷蒙德标志性的"暴风骤雨"，他会喋喋不休地连续狂喷 5 分钟，瞬间吸引所有人的注意力。

我们还会在球队的聊天群里给大家提建议，一些球队领袖会发消息给大家打气。赛前的准备阶段，这些消息会在你手机上弹出来。德雷蒙德可能会强调当晚比赛的重要意义，我会补充一些更宽泛的内容，帮助大家增强信心。我会着重提醒大家，我们正朝着正确的方向前进，尽管有时难免经历一些挫折，但关键是我们可以从中汲取经验。

老将：再续疯狂

2021/2022 赛季开始前，我们满怀雄心壮志，但谁也不知道大家在一起打球会是什么样子。我们的阵容新老混杂，亟待磨合。在老将阵营里，扛起领军大旗的显然只能是我和德雷蒙德两人，因为克莱在前半个赛季都因伤无法出战。

这种新老搭配的组合可能充满挑战。作为老将，你要保持足够开放，既要贯彻经年累月已验证有效的赢球法则，又要努力匹配新团队的独特个性。这其中存在着内在矛盾，理想中球队该有的模样，往往与现实中真实的状态相去甚远。

训练营期间，我不断试探摸索，评估每个人的技术特点和成长潜力，同时注意自己的沟通方式，避免让人产生"我拖后腿了"的焦虑。赛季揭幕时，我依然担心那些细小的缺陷尚未被完全解决。征战开始，我们还在成长，还在不断了解彼此，还在共同探索这支球队的真实模样。

带着这种混沌不明的身份认同，我们打出了 18 胜 2 负的开局。对我们这种年龄跨度如此之大的球队来说，这样的战绩实属闻所未闻。

2021 年 12 月 14 日，麦迪逊广场花园。

打破个人生涯三分球总命中数的 NBA 历史纪录从来都是我的目标，我只是不确定，具体将在何时实现。

我的投篮标准一直都是高产量加高效率。12 月 14 日前的那一周，我的投射效率大幅下滑，因为破纪录的念头始终在我心头萦绕。我太过执着于畅想破纪录那一刻的感受了。当然，我清楚地记得 2011 年 2 月 10 日的那场比赛，雷·阿伦在波士顿主场打破了雷吉·米勒的三分球历史纪录。当时，那激动人心的场景如今还历历在目：阿伦在第一节投进那记超远三分，雷吉·米勒在场边现场解说，亲自见证了火炬传递。"2561……"他特意拉长了声音，意在强调新纪录的重大意义。然后比赛暂停，全场欢庆这一里程碑时刻。一想到我也将身处于这样的场景，就有种超现实感。

14 日那场比赛，只需投进两球，我就能打破雷·阿伦的三分球总命中数历史纪录——2973 球。命运偏偏安排我在麦迪逊广场花园——既是篮球麦加圣地，又是我职业生涯序幕拉开的地方——实现梦想，想想就觉得不可思议。首节开打不到两分钟，我就用一记三分球追平纪录。随后德雷蒙德低位传球给安德鲁·维金斯，我退后到三分线外，维金斯传球给我，历史就此改写。

这一切能发生在麦迪逊广场花园，发生在雷·阿伦和雷吉·米勒的面前，发生在全家人的见证下，实在是太过梦幻。时至今日，每每想起都让我心潮澎湃。能有幸与雷·阿伦和雷吉一起站在球场中央，我满怀感激，我们三人站在一起，相当于 8505 记三分球。

科尔教练对当晚的比赛有个洞察：仅在那一场比赛中，两队就出手了 82 次三分投篮。这充分说明自我进入联盟以来，比赛的改变是多么天翻地覆。他经常提醒我，他至今仍保持着历史最佳的三分球命中率纪录，但他也会自我调侃，说这是因为他只投绝对的大空位三分，大概每场也就两三次机会，而我每场比赛都要顶着防守强投 12 次。我很骄傲能成为历史的一部分，**更为自己改变了这项运动而感到自豪**。

29

74

人们在回顾 2021/2022 赛季时，往往只关注开头和结尾（总冠军），却忽略了中间的过程。我们在开局阶段势如破竹，一切都顺风顺水。对新入队的球员来说，好像只要披上勇士战袍，胜利就理应是囊中之物。那时，我们已经赢得了三个总冠军，勇士球员的身份自有其特殊分量。如果你初来乍到，披上勇士球衣也意味着一种压力，你必须证明自己配得上在这里打球。但他们对我和德雷蒙德的比赛早有研究，如今又和我们并肩作战，自然会以为"我们当然能赢"。

结果并不尽然。在 18 胜 2 负的辉煌开局之后，我们撞上了南墙。突然之间，大概有 3 个月的时间，我们远不再是那支理应获胜的勇士队了。连胜时，所有人都心意相通。一旦开始输球，我们都认不清自己是谁了。

我的内心深处也开始滋生疑虑，这很危险。当我产生这种脆弱感，剩下的赛季就开始在我面前铺展开来，变成了无休无止的马拉松。82 场常规赛，实在太过于漫长。

老将和新人面临的挑战各不相同，但结果可能殊途同归：**想得太多，反倒缩手缩脚**。新人们会扪心自问，怎么就把好端端的局面给搞砸了，结果要么归咎于他人，要么就觉得自己是拖垮全队的冒牌货。我们老将则被往事纠缠，想起赢球有多么艰难，以及在一场惨败之后，驱车回家的路上是多么痛苦不堪。

不管你是新人还是老将，是菜鸟还是 MVP，这两条路都行不通。信心受挫只会让你变得过于谨慎，因为担心犯错而畏首畏尾，以至于到了比赛的关键时刻不敢出手投篮。你无形中压抑了自己的本能。

我们老将比任何人都清楚，在 NBA 赢一场比赛都难如登天，更不用说赢得总冠军了。既然如此，我们能给年轻队友们传授些什么呢？

先赢下一场比赛。

我们应该做的第一件事就是化整为零，把大目标拆解成小目标。"可完成的具体事项"是我们的指导原则，通过"积小胜为大胜"，我们可以免于过多谈论终极目标。如果总把夺冠挂在嘴边，会给日常做的每一件事都带来巨大压力。

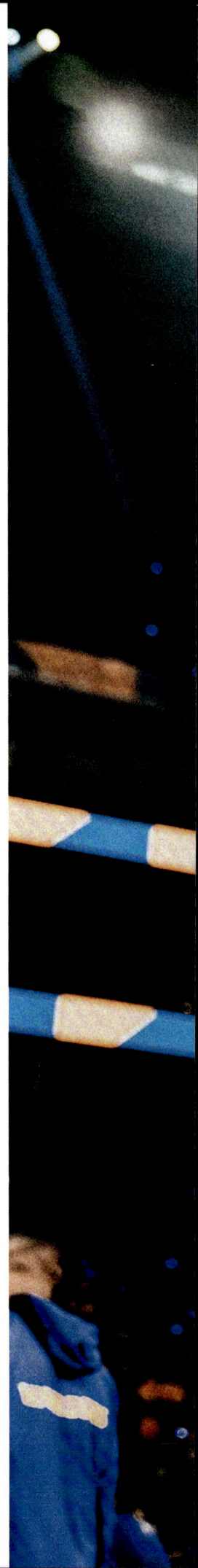

所以，我们先退后一步，问问自己："我们可以专注实现的小目标究竟有哪些？"

我们该怎么做，才能把一场比赛的犯规次数控制在 15 次之内？如何确保今晚的失误次数不超过 10 次？防守端应该做些什么，才能把对手的全场得分限制在某个特定数值以下呢？

我跟你聊的这些虽然都是篮球方面的事，但道理也适用于日常生活。不要总想着能一举赢下整个赛季，要先赢下这一周。现在，无论球队的战绩如何，大家都把这个理念融入每天的日常。比如，如果接下来我们要在 7 天之内打 3 场比赛，我们会专注于赢下其中 2 场，这样就能保证这周的胜率超过 50%。通过"积小胜为大胜"，你能创造出激励和庆祝的"小时刻"，在未来帮你撑过赛季中最艰难的阶段。

我痴迷于这类"小"目标，这让我保持"一次只打一场仗"的心态，像是自己跟自己玩的一种心理游戏，一次完成一个小目标，逐渐就能覆盖到在最高水平比赛中获胜所需要的全部细节。我们并没有把"夺冠"挂在嘴边，只是单纯享受每一天都在进步的过程，反倒逐渐成为一支总冠军级别的球队。

2022 年 4 月，对阵丹佛掘金队的那轮系列赛的第二场。一切都始于第四节末段的一些自言自语。我们成功防下一次进攻，比赛还剩最后一分钟。

"让他们睡吧，"我跟自己说，"让他们睡吧。"

作为一名父亲，再也没有什么其他事，能比在某些夜晚哄孩子入睡更有成就感了。完成任务的时候到了。

"我们得送他们上床睡觉了。"我心想。

我上篮得分，双手合十做了一个"晚安"的手势，这是给我自己的

"让他们睡吧，"

我跟自己说，

"让他们睡吧。"

在波士顿，我们 1 比 2 落后。

这是 2021/2022 赛季 NBA 总决赛第四场。我们都很清楚，如果这场输了，就全完了。凯尔特人的球迷整晚都在狂嘘"追梦"，对他恶语相向。我把这些也当作私人恩怨。主队领先时，现场球迷很容易变得如此喧闹和粗鲁。

我在第一节投进一球，开始冲着整座球馆大喊。我只想给球队带来更高级别的能量："**我们来了，没错！今天是新的一天！**"

我此前从未如此展示自己的竞争心，在众目睽睽之下秀起肌肉，挥舞手臂。如果对面的球队和球迷在挑战我们，要和我们比拼气势和激情，那我们就要强硬回击。一般来说，在整个赛季里，为球队带来这种激情的角色都属于"追梦"，今天却是我挺身而出。所以"追梦"跟我说，他选择这场比赛作为我职业生涯最重要的时刻，倒也不无道理。

我只是想全力赢下这场比赛。

作为一名老将，你会开始明白，非凡时刻需要非凡表现。这关乎一种平衡：如果求胜心切，压力把你推向错误方向，结果可能适得其反。即使是在充满敌意的环境里，你要做的也依然是上场打球。但有时候，你需要展示出那种杀手本能。

第六场终场哨响，我哭了。我们赢得了第四个总冠军。过去几个赛季的挫败积累了大量的沮丧情绪，这一刻都随着泪水倾泻而出。那些挫败感始终如影随形，即便在那些"积攒小胜利"的日子里也是如此。你投入工作中的一切都伴随着你，每一个细节，每一个你关心的队友，每一个你为他们的伤病而祈祷的人。努力寻找正确拼图、寻觅合适队友的每一年，以及感恩上天让你能在最高水平比赛的每一天。作为元老级球员，你必须负重前行，直到这份沉甸甸的重量逐渐化为身体的一部分。

然后，你赢了。当胜利到来，紧紧拥抱那种感觉。只要我想，我随时能让自己回到那一刻，重温那种美妙感觉。**当你感觉目标遥不可及，让那段记忆激励你重返巅峰。**重来一次，再来一遍。

如果我们在2021/2022赛季的常规赛中一帆风顺，直到季后赛才遭遇波折，我敢肯定，结局必定大不相同。作为一个团队，如果没有一路上的磕磕绊绊，我们就没有机会看清自己在逆境下能有何作为。无论何时遭遇阻碍和挫折，都要积极从中汲取经验。逆境既能照见你当下的模样，也能揭晓你未来的潜能。在职业生涯后期能有这么**一个重新发现自我、成就自我的机会，**实在是弥足珍贵。

我一般不会把 4 枚总冠军戒指带到任何地方。总冠军奖杯、MVP 奖杯、全明星 MVP 奖杯等，都妥善收藏在办公室里。但在 2022 年旧金山冠军游行时，我把前 3 枚戒指都带在身上。事实上，我把获得的每一个 NBA 奖杯都搬上了花车，每个奖杯由一位家人专职看守。

有那么一刻，他们把所有奖杯都堆到我手里，还在我嘴里塞了一根雪茄。在无人看好的情况下爆冷夺冠，沿着市场大街衣锦还乡，这感觉实在妙不可言，像金子一般珍贵。

冠军游行是一种奇妙的体验，将适度的自我膨胀和强烈的无私感恩混杂在一起。你可以适当炫耀一下，毕竟你真真切切地在大街上游行，向全世界展示你的成就。更重要的是借此感谢那些促成这一切的人：队友、球迷、家人……大家一起庆祝这个共同的成就。游行盛典揭示了一个永恒真相：我们一直会为彼此挺身而出。我们不会永远坐在花车上，但**每一天其实都是一场私密的凯旋仪式，饱含着静默而持久的关爱与羁绊，感恩与欢庆**。如果失去这份根基，我不知道自己能去向何方。

每个赛季都是全新的挑战。

八年四冠之后，2022/2023 赛季伊始，我们就知道如果此番不能夺冠，很多人会认为这就是个失败的赛季。

这年季后赛首轮，我们在对阵萨克拉门托国王队的系列赛中占据先机，只可惜在第六场中表现失常，让 3 比 2 的领先优势化为乌有。我们本该在主场锁定胜局，却被对手追成平局。他们的拼劲碾压了我们。

我觉得球队的士气不太对，因此在录像分析会之前，先跟全队说了几句。外界说我"传达了某种信息"，但我只是强调了信念的重要性。我们必须坚信自己有能力赢下这场比赛。我说，任何登上球队大巴、准备前往萨克拉门托的人，都是在向我承诺他们已准备好为获胜奉献一切。

有人难免会问："对于你们这种已经身经百战、功勋卓著的球队，在这种生死攸关的季后赛关键时刻，还需要你去发表像这样的动员演说吗？"但领导力会以各种各样的形式考验你、挑战你。我通常不做战前动员，那本是教练们和"追梦"所擅长的。可如果不在抢七生死战开打前敞开心扉，说出那些该说的话，我一定会彻夜难眠。

那场比赛我得到 50 分，其中有 30 分来自下半场，但赢下比赛靠的是全队浴血奋战。当全世界都看低我们，我们偏要逆势前行，证明自己依然能打出巅峰水准。我们成功晋级，随后在西部半决赛以 2 比 4 的大比分不敌湖人队。即便如此，我们登上大巴，**从容应战，做好了充分准备。**这本身就是一种胜利。

快乐始终是指引我前进的明灯和动力之源，只因我用心守护着它。我知道让心头的火焰燃烧不息有多么重要，这样才能点燃我的工作热情。

客场比赛时，我们会自主安排投篮训练。每个人都有各自的 30 分钟训练时间。每次开始前的最后一刻，我都会想，来吧，对，就是现在，全神贯注。只要开始投进第一个球，30 分钟时间就有如白驹过隙。**专注、决心、愉悦——我的大脑一片澄明。**

改变

Chang

比赛。

game.

上周六晚上，哄孩子们入睡之后，我穿上连帽衫，独自来到后院的球场，狗狗们跟在身后。即便正值夏日，北加州的夜晚也令人颇感凉意，跟我在夏洛特的成长环境大不相同。我家四周有很多树木，微风吹拂，橡树叶和常青树叶沙沙作响。我开始投篮，一球又一球。这正是我 20 年前在父母家后院改造投篮动作时希望追寻的感觉，一种极致纯粹的快乐。我就这么打着篮球，不知不觉间，30 分钟一晃而过。

今天下午，有人问我打篮球时是否依然能感受到快乐，我一时语塞，干脆拿出手机，调出家里的监控录像，给他们看周六那晚的视频画面，我和狗狗们在满场飞奔。"我想给你们看看这个，"我说，"因为它捕捉到了我打球的时候，那种极致纯粹的快乐。"他们凑过来观看录像。黑白画面中，一切再简单不过：我运球，起跳，投出一球又一球，球触地弹起，再投，空心入网，**至高的欢愉**。

职业生涯步入尾声，我依然坚信自己能大放异彩，却又总被一次次追问："你考虑过退役吗？"

当然考虑过，但考虑的方式可能跟他们想的不一样。时间表当然是有的，但它非但不是焦虑之源，反而是一种动力，激励我尽一切可能去把握眼前，充分利用好我拥有的每一个机会和每一项优势。因为我当然知道，总有一天，篮球会停止反弹，但绝不是现在。**时间表的恩赐在于它让我活在当下。**

在比赛中，每个回合我都会查看投篮计时器，看看自己还有多少时间。计时器可以告诉你是否该发动进攻。随着比赛的进行，经验的增长，你会明白计时器并非只跟时间有关，它决定了你需要的比赛节奏。

它迫使你动作更快，决策更迅速，有时候，你也需要换种方式来用好计时器，让节奏慢下来，让自己也慢下来。

光阴无法减速，但时光可以珍藏。要让时光富有意义，不要白白虚度。

我深爱着我所从事的事业，也深知有朝一日，自己终将怀念它。但在此期间，我希望从这份事业中尽可能多地汲取一切，始终做好"一投制胜"的准备，直到终点。

你也一样。

Acknowledgments
致谢

在此，我要向那些帮助本书问世的人表达感谢，包括 30INK 的团队（蒂芬妮和苏雷什）以及 Unanimous Media 的团队（EP 和 KMK）。如果没有 UTA 的合作伙伴博德·利维尔和阿尔伯特·李，我们走不到现在这么远。感谢最得力的队友们——凯文·卡尔·奥利里、克里斯托弗·桑迪弗、Getty 图片社，以及为本书贡献作品的所有出色的摄影师们。感谢那些一直支持我的人，也向 NBA 和勇士队致以特别谢意。

另外还感谢我的家人：阿耶莎、莱利、瑞恩、卡农和凯厄斯，我爱你们。

Image Credits
图源清单

6—7页© Khristopher "Squint" Sandifer

8页© Khristopher "Squint" Sandifer

004—005页© Khristopher "Squint" Sandifer

006页© Khristopher "Squint" Sandifer

007页© Khristopher "Squint" Sandifer

009页© Khristopher "Squint" Sandifer

011页（上）© Khristopher "Squint" Sandifer

011页（下）© Devin Allen

012页© Noah Graham

013页（上）© Noah Graham

013页（下）© Khristopher "Squint" Sandifer

015页© Noah Graham

016—017页© Devin Allen

018—019页© Khristopher "Squint" Sandifer

022页（上）© Khristopher "Squint" Sandifer

022页（下）© Khristopher "Squint" Sandifer

024—025页© Devin Allen

027页© Khristopher "Squint" Sandifer

028—029页© Getty Images

030—031页© Khristopher "Squint" Sandifer

032页from Curry family archive

033页from Curry family archive

034—035页© Khristopher "Squint" Sandifer

036—037页© Devin Allen

038页Courtesy of Sonya Curry

040—041页© Devin Allen

043页（上）© Devin Allen

043页（下）© Devin Allen

044—045页© Khristopher "Squint" Sandifer

046页© Khristopher "Squint" Sandifer

047页© Khristopher "Squint" Sandifer

049页Courtesy of Sonya Curry

050页© Devin Allen

053页© Khristopher "Squint" Sandifer

054—055页© John Walder

056—057页© Noah Graham

058页© 2022 NBAE（Photo by Garrett Ellwood/NBAE via Getty Images）

060—061页© Khristopher "Squint" Sandifer

064页© Khristopher "Squint" Sandifer

065页© Devin Allen

066—067页© Khristopher "Squint" Sandifer

068页© Devin Allen

069页© Devin Allen

071页Courtesy of Sonya Curry

072—073页© John Walder

074页© John Walder

075页© John Walder

076—077页© Illustration by No Ideas with Nicolas Ardeley

078—079页© Khristopher "Squint" Sandifer

081页Courtesy of Sonya Curry

Images

162 页（左下）© 2016 NBAE（Photo by Noah Graham/NBAE via Getty Images）

162 页（右下）© Photo by Ezra Shaw/Getty Images

163 页（左上）© Photo by Thearon W. Henderson/Getty Images

163 页（右上）© 2015 NBAE（Photo by Noah Graham/NBAE via Getty Images）

163 页（左下）© 2015 NBAE（Photo by Noah Graham/NBAE via Getty Images）

163 页（右下）© Noah Graham

165页© Khristopher "Squint" Sandifer

166页© Khristopher "Squint" Sandifer

168页© Khristopher "Squint" Sandifer

170—171页© Khristopher "Squint" Sandifer

172页© Khristopher "Squint" Sandifer

176—177页© Photo by Scott Strazzante/San Francisco Chronicle via Getty Images

179页（上）© Khristopher "Squint" Sandifer

179页（下）© Khristopher "Squint" Sandifer

180—181页© Khristopher "Squint" Sandifer

182页© Khristopher "Squint" Sandifer

184—185页© Devin Allen

186页© Khristopher "Squint" Sandifer

190—191页© Khristopher "Squint" Sandifer

192页© Khristopher "Squint" Sandifer

195页© Devin Allen

196—197页© Illustration by No Ideas with Nicolas Ardeley

198页© Devin Allen

199页© John Walder

200页© Khristopher "Squint" Sandifer

204—205页© 2017 NBAE（Photo by Garrett Ellwood/NBAE via Getty Images）

206页© Photo by Thearon W. Henderson/Getty Images

207页© Photo by Lachlan Cunningham/Getty Images

208—209页© Khristopher "Squint" Sandifer

210页© Noah Graham

211页© Noah Graham

213页© 2018 NBAE（Photo by Garrett Ellwood/NBAE via Getty Images）

214页© 2013 NBAE（Photo by Nathaniel S. Butler/NBAE via Getty Images）

216—217页© Khristopher "Squint" Sandifer

218页© You Know Who Shot It! - Jordan "JSquared" Jimenez

220—221页© You Know Who Shot It! - Jordan "JSquared" Jimenez

222页© Khristopher "Squint" Sandifer

224页© Noah Graham

225页© Nhat V. Meyer/Bay Area News Group（Photo by MediaNews Group/Bay Area News via Getty Images）

226—227页© John Walder

228页© United to Beat Malaria

229页© United to Beat Malaria

230—231页© Khristopher "Squint" Sandifer

232页© John Walder

235页© Khristopher "Squint" Sandifer

237页© Photo by Daniel Gluskoter/Icon Sportswire/Corbis/Icon Sportswire via

图源清单

Getty Images

238—239页© Khristopher "Squint" Sandifer

240页© Noah Graham

241页© Noah Graham

243页© Noah Graham

244—245页© Khristopher "Squint" Sandifer

246页© You Know Who Shot It! - Jordan "JSquared" Jimenez

247页© You Know Who Shot It! - Jordan "JSquared" Jimenez

248页© Khristopher "Squint" Sandifer

250页© Khristopher "Squint" Sandifer

251页© Khristopher "Squint" Sandifer

252页© Khristopher "Squint" Sandifer

253页© Khristopher "Squint" Sandifer

255页© Khristopher "Squint" Sandifer

256页（上）© Khristopher "Squint" Sandifer

256页（下）© Khristopher "Squint" Sandifer

257 Copyright 2015 NBAE（Photo by Noah Graham/NBAE via Getty Images）

259页© 2016 NBAE（Photo by Joe Murphy/NBAE via Getty Images）

261页© 2016 NBAE（Photo by Joe Murphy/NBAE via Getty Images）

262—263页© 2015 NBAE（Photo by Noah Graham/NBAE via Getty Images）

264—265页© Illustration by No Ideas with Nicolas Ardeley

267页© Khristopher "Squint" Sandifer

268页© Noah Graham

269页© Noah Graham

272—273页© Khristopher "Squint" Sandifer

275页© Khristopher "Squint" Sandifer

276页© Khristopher "Squint" Sandifer

277页© Khristopher "Squint" Sandifer

278—279页© Khristopher "Squint" Sandifer

280—281页© Khristopher "Squint" Sandifer

282页© Noah Graham

284页© You Know Who Shot It! - Jordan "JSquared" Jimenez

285页© You Know Who Shot It! - Jordan "JSquared" Jimenez

286页© Khristopher "Squint" Sandifer

287页© Adobe Stock

288—289页© Khristopher "Squint" Sandifer

291页© Khristopher "Squint" Sandifer

292页© Khristopher "Squint" Sandifer

293页© Noah Graham

294—295页© Photo by Jamie Sabau/Getty Images

298页© Khristopher "Squint" Sandifer

301页© Khristopher "Squint" Sandifer

302页（上）© Devin Allen

302页（下）© Noah Graham

304—305页© Khristopher "Squint" Sandifer

306—307页© Noah Graham

308页© Noah Graham

310—311页© Noah Graham

312页© Khristopher "Squint" Sandifer

313页© Khristopher "Squint" Sandifer

314页© Khristopher "Squint" Sandifer

318—319页© Khristopher "Squint" Sandifer

320—321页© Khristopher "Squint" Sandifer

322页© Noah Graham

译后记

在充满变化的"VUCA 时代"，只有库里始终如一

文 / 黄祎

互联网圈子里盛行着各种"黑话"和"概念"，其中有一个名词叫"VUCA"，由 4 个英文单词的首字母组合而成，分别对应着易变性、不确定性、复杂性、模糊性。

用"VUCA"来描述这个时代，意思是说，随着人工智能、基因编码、量子计算等高新科技的飞速发展，人类社会迎来自农业革命、工业革命、信息革命之后又一次颠覆式产业升级，原有的规则被打破，熟悉的一切变陌生，整个时代都好像蒙上一层迷雾，逐渐开始"VUCA 化"——多变、不定、复杂、模糊。

对我们普通人来说，"VUCA 时代"带来的最直接的冲击，是传统的价值观正在被挑战，被消解，甚至被推翻。

以 NBA 为例，如今我们所处的是这样一个时代:

- 曾经让球迷们津津乐道的"宿敌"和"恩怨"，让位于其乐融融的"兄弟篮球";
- 个体球风和团队打法都高度趋同，"三分 + 快攻"的效率至上压倒一切"中投美如画";
- 球员和球队的合作关系更趋开放，曾经"双向奔赴"的"忠诚"变成伪命题;
- 只要能拿到总冠军，所有"路径正当性"的讨论都无足轻重("抱团"和"投敌"都成为可选路径);

- 如果拿不到总冠军，那就通过质疑"戒指文化"来修改评价体系，主张竞技体育不能"唯结果论"……

以上种种都是"与时俱进"，本身没有是非对错，更不涉及道德判断。他们只反映出一个基本事实：时代变了，很多事也都变了，无论你是否情愿。

在这样一个"世殊事异"的新时代，你再看看库里这个人，会觉得他简直就是个异类——任尔千变万化，他自岿然不动。

- 他依然坚守"天道酬勤"，通过日复一日的刻苦训练，以最接近普通人的身体条件达成最不可思议的赛场成就；
- 他依然信奉"大道至简"，发现"离篮越远，防守越松"，主动扩大三分球射程，重新定义了三分球的夺冠竞争力；
- 他依然秉持"团队至上"的篮球哲学，无论打"有球"还是"无球"都自得其乐，"库有引力"都无所不在；
- 他依然保持"平民英雄"的质朴本色，哪怕早已功成名就、如日中天，从保镖到经纪人，陪在他身边的还是同样一群伙伴，阿耶莎也还是他眼中最美丽的女人，身上也依然穿着同样一件勇士30号球衣；
- 他甚至依然还是那个嘻嘻哈哈的"金州幼稚园园长"，还在摇头晃脑，还在抖肩耍宝，还在尝试"笑果 > 效果"的扣篮动作……

曾经的全球首富、亚马逊创始人杰夫·贝佐斯有一句名言："人们大多都关心变化，但真正重要的其实是那些不变的东西。"

就像是篮球比赛再怎么演化改变，归根结底都是要把球送进篮筐。投篮，就是"万变不离其宗"的"宗"。只要库里选择出手投篮，你就觉得，这球一定能进。

在动荡变幻的"VUCA 时代",库里代表着最后一丝确定性和安全感。他是清澈、透明、纯粹的,没有那么多的计算,也不需要猜测揣摩。在新人林立的 NBA 江湖,他是最后的一代宗师。

只要他还在,你就会相信,总有些价值不会消亡,总有些坚持能有所回报,总有些美好值得被珍藏。

感谢腾讯视频孙忠怀(Thirty)、韩志杰(Jeff)、马延琨(Tina)、王娟(Suman)、王伟、李大任、崔超、侯成芬等各位领导对 NBA 项目的重视和关心。感谢杨志越、刘欧、杨露莎、肖寒璐、王丽媛等同事在本书出版过程中给予的帮助和支持,与你们并肩战斗是我的幸运。感谢合作伙伴 NBA 中国 Collins、Jonathan、Tim、An、Mo 等诸位前辈同仁的长期支持,我们永远相信下一场比赛更加精彩!感谢金城出版社王舒毅社长对项目的肯定、支持和指导。感谢好朋友李轶武先生的信任,让我有幸在《科比自传:曼巴精神》之后,又一次有机会以"译者"的身份,向自己最喜欢的球员之一致以敬意。感谢本书编辑王思硕、王振强,对本书"从零到一"的每道程序、每个环节、每处细节,都倾注了很多心血。感谢本书营销编辑刘富坤,为本书的推广宣传做了大量工作。

感谢读到这里的你,库里的故事还"未完待续",我们继续共同见证。

感谢读到

库里的故事还

我们继续

这里的你，
"未完待续"，
共同见证。

...t of the journey.
...we'll witness every moment together

待风拂过崭新的赛季，

落叶捎来重逢的篇章。

未来某天，库里第二本自传面世，

我们再与诸君相见。

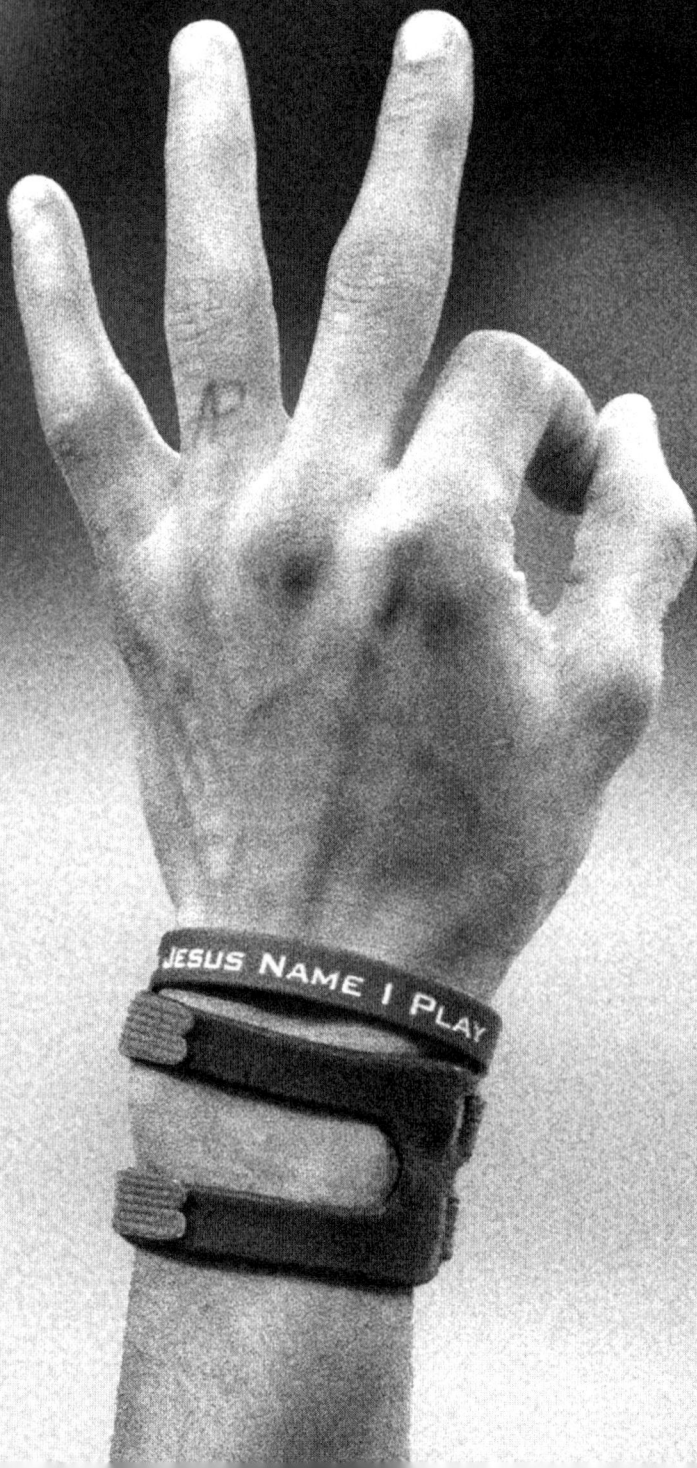